Henriette DENAT
Institutrice

Graphisme
en moyenne section

« Vivre à la maternelle »

NATHAN

Édition: Christine Delormeau
Composition et maquette : Joseph Dorly
Couverture : Christian Blangez

Sommaire

I. L'acte graphique

II. La démarche pédagogique

III. La pratique graphique

Les difficultés pour parler du graphisme sont multiples car ce mot est inducteur de notions qui font qu'on risque fort de se méprendre.

Pour éviter toute équivoque, prenons le dictionnaire :

Le graphisme est une manière de représenter les mots écrits d'une langue. Il englobe aussi tout tracé réalisé volontairement avec ou sans contenu symbolique[1].

Ainsi, deux difficultés sont à vaincre, deux difficultés d'ordre moteur :

– la tenue d'un outil,

– l'utilisation de cet outil en vue de l'écriture.

1. Extrait de la définition du dictionnaire Robert Laffont.

I. L'acte graphique

1. PRINCIPES DE L'ACTE GRAPHIQUE

Tenant compte de la définition précédente du graphisme, il nous faut maintenant définir ce qu'on entend par *acte graphique*, lorsqu'on demande à de jeunes enfants de faire du graphisme.

L'acte graphique est d'abord un comportement moteur adapté à une fin qui consiste à faire des tracés non représentatifs. **Ce n'est pas le dessin,** activité dans laquelle l'enfant est libre de représenter ce qu'il veut, ce qu'il peut, sur une feuille vierge, avec un crayon, un feutre, ou un autre outil.

Un espace à conquérir selon des objectifs définis

L'acte graphique n'est pas seulement comportement moteur, il est **intention d'agir.** *Agere* en latin signifie «pousser devant soi». *Agir* en français, exprime l'activité continue, l'activité suivie, qu'on mène en s'y impliquant. Dans cette activité, chacun exprime ses tendances, son attitude face au monde, sa personne. L'acte graphique apparaît ainsi sous un jour nouveau ; l'enfant qui l'exécute n'est pas libre au niveau de ses gestes puisque les **tracés** que nous lui demandons sont **orientés selon des objectifs bien définis** ; mais il est libre dans sa réalisation des tracés, il va plus ou moins serrer le pinceau ou le crayon ; il va utiliser des feutres de couleurs ; il va personnaliser son graphisme. Nous ne faisons pas de lui un simple exécutant, car nous l'orientons vers des formes de création. Nous l'amenons à conquérir des tracés simples, à les intégrer, à les enrichir pour un réinvestissement futur. Les lignes, les courbes, les mouvements que nous lui proposons **l'orientent sur la voie de l'écriture.** Progressivement, il en conquiert des éléments moteurs qu'il réutilisera plus tard, lorsqu'il sera soumis à l'apprentissage du code écrit. Ainsi, si l'acte graphique engage l'individu, il le transforme. Notre propre expérience est là pour le confirmer. La transformation s'opère lentement. Elle se fait sans que l'individu en prenne conscience. Ainsi, l'intellectuel est transformé par les connaissances qu'il acquiert en cherchant et en analysant; le travailleur manuel est changé par ses expériences répétées et par la culture de son univers et de son époque qui va, elle aussi, provoquer des changements d'attitudes, de comportement, de discours. L'engagement de l'individu au sein du processus de transformation vit l'irréversibilité de son devenir. Il est aujourd'hui autrement qu'hier, demain ce sera encore autre chose. Chaque expérience, chaque expérimentation le modifie. L'enfant qui s'exerce dans l'acte graphique évolue face à un espace qu'il conquiert et face à des tracés se modifiant dans le temps.

2. GRAPHISME ET CRÉATION D'ESPACES

Pour chaque enfant, la découverte du point, de la ligne droite, de la courbe est une révélation, car tout tracé est créateur d'espaces. Que l'enfant dirige son crayon avec habileté ou qu'il suive de l'œil et de la main un tracé fortuit qui se fait presque à son insu, il transforme un espace... Et cela est vécu comme une conquête. Cette conquête, il lui faut la renouveler sans cesse car chaque exercice – c'est-à-dire chaque moment où l'enfant s'exerce – est riche de pouvoirs nouveaux, de pouvoirs conquis sur l'outil et sur l'espace occupé.

Par opposition au dessin libre, toute activité de graphisme est, à l'École maternelle, conçue par l'adulte. À propositions pauvres, nous aurons des réponses pauvres, car, en fait, c'est bien de cela qu'il s'agit. C'est aux maîtres qu'il revient de préparer ces activités de telle sorte que les enfants puissent s'exprimer tout en acquérant les gestes de l'écriture.

Une révélation pour les enfants : la boucle.

Proposer des répétitions de lignes, de barres, de courbes, cela n'a aucun intérêt. Par contre, suggérer, commencer un tracé, le faire évoluer, c'est cela qui est créateur d'espaces nouveaux. L'enfant ne s'y trompe pas : si les activités graphiques le laissent indifférent ou l'ennuient, il les fait très vite pour être libéré. En revanche, si la complexité du jeu des tracés l'interpelle, il peut y rester longtemps car il a plaisir à faire une activité qui le satisfait.

Il est une attitude enfantine que nous ne pouvons passer sous silence : c'est le désir de changer de feuille et de recommencer. L'enfant ne refait jamais la même chose. Tout se passe comme s'il voulait se donner un autre plaisir dans cette expérimentation grapho-motrice renouvelée : ne s'agit-il pas, là aussi, du besoin de se signaler par une trace, signe avant-coureur de la signature ? N'est-ce pas également une manière de combattre la sensation d'une réalisation vécue de manière non satisfaisante ? Est-ce synonyme d'instabilité ? Nous ne le pensons pas en observant l'enfant occupé à un travail de graphisme. Il est si absorbé et si attentif ! Au-delà de ces interrogations, nous nous demandons si tout changement de feuille ne correspond pas au désir de création de nouveaux espaces : l'enfant renouvellerait sa conquête d'espaces au rythme de ses créations et nous savons comme elles sont nombreuses.

3. CORPS ET MOUVEMENT GRAPHIQUE

L'**expression corporelle** analysée sous l'angle de l'esthétique fait apparaître une création d'espaces. Le corps qui se meut en recherchant des effets organise les trois dimensions de son environnement par les trajectoires de ses mouvements qui sont autant de tracés fugaces. Les grands secteurs de l'activité physique, tels que le saut, la plongée, la course, le patinage et la danse, sont autant de domaines spécifiques. Chacun organise l'espace environnant comme un univers séparé, dans lequel s'épanouissent une grammaire et un lexique du mouvement corporel. Chacun d'eux peut être appréhendé d'une manière quasi-littéraire : chacun de ces domaines correspond à un genre particulier.

– Tous sont faits de la même matière, leur organisation est régie par des lois différentes mais cependant indépendantes. Ce sont à de véritables univers disjoints que l'on a affaire.

Le corps en mouvement dessine des lignes fugaces qui ne laissent des traces que dans

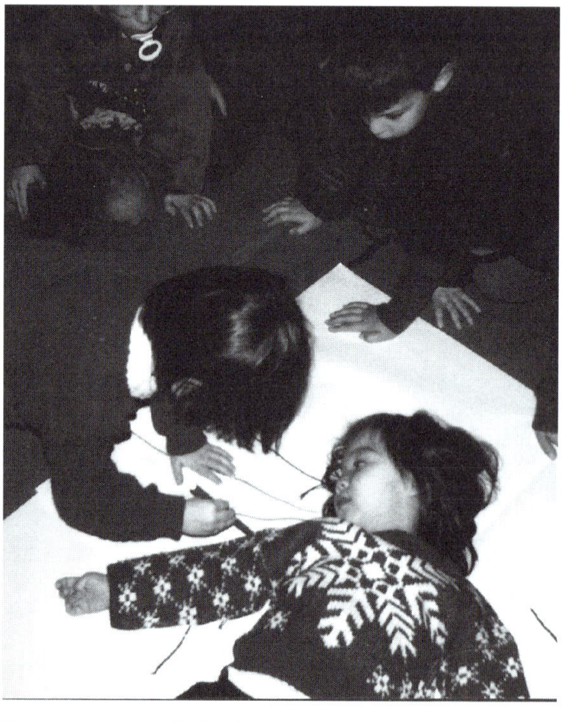

La trace est un résidu du mouvement.

la mémoire tant qu'elles ne sont pas fixées par l'image photographique. Le ralenti est une fixation de cette fugacité, il nous permet d'éluder le contour corporel pour découvrir des lignes graphiques.

Les objets mus par le corps peuvent eux aussi imprimer des lignes dans l'espace :

– un galet lâché sur le sol trace une trajectoire descendante verticale ;
– le lancer de balles de mousse qui rebondissent suggère un tracé en dents de scie ;
– la corde à sauter réalise des courbes…

Dans tous ces cas, **la trace est un résidu du mouvement.**

4. L'ESPACE IMPALPABLE

Nos réflexions sur le graphisme en général et sur le trait en particulier appellent une remarque sur ce que nous nommerons **l'espace impalpable.** Il s'agit, en fait, d'un espace ressenti mais difficilement définissable. **Un complément du visible** sans qui le trait n'a aucune existence. Un exemple, pris dans le domaine musical, illustre parfaitement ce que nous tentons d'approcher : chacun ressent intensément le silence qui précède l'attaque d'un morceau de musique. C'est un instant privilégié, riche d'attente, d'émotion et de la toute première communication qui va s'établir entre musiciens et auditeurs.

Il en est de même lorsque la poésie est lue à haute voix et lorsque la parole proférée ménage des silences qui sont autant de moyens de capter l'attention de l'auditoire…

En graphisme, l'espace impalpable, assure la présence du trait.

II. La démarche pédagogique

1. LA MÉTHODE

Les fiches : une première approche de l'écriture.

La base de nos activités graphiques repose sur **le vécu des enfants** : leurs expériences physiques, motrices et manuelles vont induire bon nombre de tracés. Notre méthode a une double motivation :

– Le maître y est impliqué car il a le désir de préparer des documents stimulants pour l'enfant.

– L'élève a plaisir à s'exercer sur des fiches qui lui permettent de réaliser des graphismes colorés et variés.

À quatre ans, l'enfant aime tracer, il a le désir d'écrire, de signer un travail. Son approche de l'écriture se manifeste sous la forme d'une succession de traces ascendantes et descendantes qui suivent une ligne horizontale imaginaire. Les lettres "bâtons" imitant les lettres capitales apparaissent pour signifier le prénom. Les reproductions sont maladroites et les déplacements sont anarchiques. Par exemple, la lettre L est souvent réalisée ainsi :

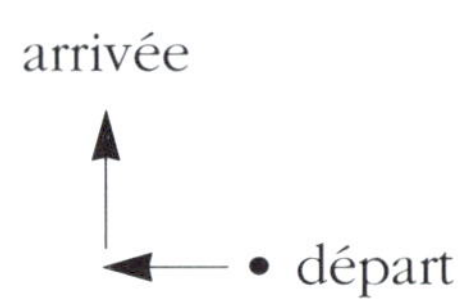

2. LES OBJECTIFS

a. L'objectif éducatif

Nos fiches sont directives, elles nécessitent pour l'enfant la compréhension et le respect des consignes de départ. Dans tous les exercices, et principalement si les réalisations ne sont pas ce que le maître attendait, la communication orale va s'établir entre l'adulte et l'enfant pour reconsidérer la première consigne. L'écoute est un facteur de réussite. Toute une dynamique de groupe doit s'instaurer au sein du groupe-classe. Le respect de l'individu et de son expression graphique va aider l'enfant à franchir les étapes sans heurts. Le droit à l'erreur est reconnu. La confiance favorise l'engagement des plus timides vers des réalisations personnalisées. Notre rôle éducatif consiste encore à repérer le travail inachevé et à faire naître le désir du "beau fini".

Il faut se méfier toutefois de nos propres erreurs de jugement. Combien de charges et de surcharges décidées par l'adulte sont une vraie faillite artistique. Toutes les techniques doivent être testées. N'emprisonnons pas l'enfant dans notre système. Notre remise en question doit être permanente.

b. L'objectif esthétique

Cet objectif est fondamental à nos yeux car nous tentons de faire apprécier des œuvres par les enfants. Ils apprennent à regarder des graphismes d'artistes variés que nous leur montrons au cours des séances. Pour nous, la recherche du beau est formatrice de la personne. La multiplicité des œuvres, leurs diversités expressives nous amènent à faire cheminer les enfants vers l'analyse de certaines techniques. Nous ne nous situons pas au niveau de ce que chacun préfère, nous essayons, par contre, d'apprendre à voir comment procèdent les artistes.

Nos fiches sont inductrices dans l'apprentissage gestuel relatif au code écrit. Elles ne sont **qu'une facette** de l'ensemble culturel que nous abordons autour de chaque séquence. Des travaux d'art plastique prolongent souvent les fiches en incitant les enfants à des créations fort diverses.

Nous cherchons, le plus souvent possible, à relier les travaux des enfants aux œuvres présentées : par exemple, les pointillés qui épousent les formes arrondies s'insèrent dans tout un contexte où les œuvres pointillistes vont être regardées et analysées. La création de lignes pointillées au travers d'activités manuelles à partir d'inclusions ou de perforations va sensibiliser l'enfant aux dimensions créatrices de ce domaine. Les enfants habitués à regarder des œuvres y prennent toujours du plaisir et cherchent souvent à comparer leur propre démarche à celle des artistes. Il suffit, pour cela, que le maître soit disponible pour regarder les œuvres et écouter les propositions enfantines.

c. L'objectif ludique

C'est le troisième aspect de notre méthode graphique. Au début de l'année, lors des premières séquences, l'enfant est souvent

Les prolongements des fiches : des créations fort diverses.

timide dans ses essais, réservé dans des tracés parcimonieux. Peu à peu, le plaisir de faire s'intensifie et les pages se remplissent de lignes et de tracés révélateurs du plaisir enfantin.

L'éducateur est vraiment l'initiateur de l'élan ludique. Il l'adapte et l'intensifie à la demande. Le moment réservé à cette activité est un moment riche car l'enfant est en relation intime avec un espace qu'il meuble en suivant une consigne sécurisante.

C'est l'heure où le **geste répétitif** mobilise mais apaise; ce geste étant valorisé par les tracés qui naissent, se complètent pour, en fin de compte, proposer au maître une feuille bien remplie.

Cette feuille bigarrée, l'enfant la tend au maître dans l'attente d'un regard gratifiant et d'un discours valorisant. En effet, il n'est pas question que chacun aille déposer son travail sur le bureau : ce serait trop frustrant…

3. LES FICHES GRAPHIQUES

Souvent précédées d'activités motrices ou manuelles, les fiches sont autant de **tests-essais** autour desquels se crée la **communication** à trois niveaux :
- maître/enfants;
- enfants/enfants;
- enfants/parents.

L'enfant, outre la valeur accordée à sa propre réalisation, sent combien les adultes s'intéressent à sa démarche et à ses productions. Si les parents sont en situation d'attente positive, l'enseignant l'est aussi dans son désir éducatif. Pour les parents, la fiche se révèle l'unique élément, **la preuve de l'activité enfantine**. Un examen du dossier de graphisme permet d'évaluer la progression de chaque enfant au cours de l'année scolaire.

Si le maître est le concepteur des fiches, l'enfant en est le réalisateur. Étant toutes adaptées aux possibilités enfantines selon une progression qui est celle de l'écriture cursive, elles permettent la maîtrise de gestes précis et font naître des tracés rigoureux.

L'écrit a ses règles, l'enfant les admet progressivement, insensiblement. Dans notre système, droitiers et gauchers sont amenés à s'entraîner à loisir pour acquérir des habitudes motrices.

Envisageons les lettres rondes ou demi-rondes (excepté la première partie de la lettre *x*) dont le mouvement initial s'exécute par un mouvement sur la gauche et pensons aux parties rectilignes de la plupart des lettres qu'on aborde du haut en bas. Face à

S'entraîner pour acquérir des habitudes motrices.

celles - ci , l'enfant prend appui le plus près possible du corps pour s'en éloigner ensuite. Notre système lui demande d'inverser le geste naturel. Éduquer son geste, c'est lui proposer des séries d'exercices variés à commencer par la gauche (quart de courbe, demi-courbe, cercle) ou par le haut (segments rectilignes de la plus grande partie des lettres) et de se familiariser avec des trajectoires variées.

L'éducation du geste se pratique par le biais de mouvements successifs avec changement de couleurs. Ce geste peut paraître monotone et dénué de fantaisie parce que répétitif. En réalité, il joue sur des grandeurs croissantes ou décroissantes, ce qui évite le "coinçage musculaire". L'adaptation manuelle et oculaire est permanente.

L'enfant, en répétant un même mouvement de base, en assimile la trajectoire. Le maître, face aux nombreuses réalisations en cours, observe chaque interprétation, chaque évolution. Il intervient pour que l'enfant trouve et adopte le mouvement adapté à une situation. L'utilisation des couleurs, avec des feutres à pointes épaisses ou fines évite la monotonie et crée des espaces différents.

4. LA RÉFLEXION ET LA RECHERCHE DE L'ENSEIGNANT

Concevoir des fiches de graphisme, c'est à la fois rechercher **l'efficacité et l'esthétique**. L'efficacité s'obtient – avons-nous dit – en tenant compte du vécu corporel d'abord et ensuite en favorisant la gestuelle qui permet de décomposer les éléments fondamentaux de l'écriture.

L'esthétique est indispensable car mobilisante pour l'enfant qui va nous proposer des rendus agréables à regarder.

À propos de la peinture, Delacroix a dit que les œuvres doivent être **"une fête pour l'œil[1]"** Au niveau du graphisme, il doit en être de même. Cet objectif va motiver notre recherche esthétique.

Où trouver nos **sources d'inspiration**? L'investigation de l'environnement en est une. Elle consiste dans un premier temps à observer les lignes fortes d'une réalisation artistique.

Il faut apprendre à voir le monde autrement.

L'existence d'un édifice s'appuie sur des tracés horizontaux et verticaux.

Observons un **carré**: c'est simple, régulier, équilibré.

Un objectif architectural peut en faire sa force constructive: l'Opéra Bastille en est l'exemple type; toute sa structure de base s'établit sur lui. J.-P. Raynaud nous fait découvrir la beauté classique de ses volumes réalisés à partir de carrés de faïence blanche. Le musée d'Art moderne de la ville de Paris nous présente un gros cube ouvert alliant puissance et simplicité. C'est le reflet d'une extrême rigueur à la recherche de perfection. C'est encore une réalisation pleine d'originalité dont la structure de base privilégie le carré.

Josef Albers est, lui aussi, un passionné de cette forme. Ses toiles sont une vraie *"fête pour l'œil"*. Elles rivalisent entre elles de stabilité et d'harmonies colorées.

1. Delacroix, *Journal* (1822-1863), Paris, Union générale d'Éditions, 1963.

Laissons là le carré pour découvrir les **courbes** de la fontaine de Bercy. Réalisée à la manière des canyons, elle ouvre des perspectives d'étude graphique intéressantes.

À la gare St-Lazare, ce sont les cadrans des pendules qui peuvent motiver une recherche esthétique quant à l'agencement des **cercles** dans l'espace.

Les arcades des cloîtres sont inductrices des **tracés-ponts**. Régularité, simplicité guident l'œil dans son étude linéaire.

Tout l'art roman est riche d'éléments à exploiter.

En peinture, nous découvrons les différentes réalisations de Mondrian avec cette mise en évidence de grosses **lignes droites**. Nous pouvons aussi prendre en considération les **courbes** de Sonia Delaunay.

Notre environnement le plus banal mérite aussi l'observation.

Toute cette phase "observante" va imprégner le maître lors de la quête d'éléments éducatifs constructeurs. Comment faire naître, par exemple, l'intérêt pour la **ligne oblique**? L'enseignant va alors réaliser tout un travail transformant.

En effet, c'est à partir d'un élément d'architecture ou d'un détail de sculpture ou de graphisme que peut se créer la fiche. Il ne faut pas hésiter à élaborer des formes habitées. Les pré-tracés sont inducteurs des réalisations enfantines. L'aventure graphique est une expérience en constante adaptation.

Pourquoi notre recherche esthétique est-elle non figurative? Cela correspond à la politique de la non-référence. Le figuratif demande observations et études spécialisées. Il est un obstacle aux premières réalisations graphiques. En privilégiant les éléments linéaires simples, l'enfant est sécurisé. C'est le non-échec, le positif de la démarche. L'abstrait est en quête de liberté expressive.

De plus, n'oublions pas notre postulat de départ: **le graphisme est une étude sur des signes**.

5. LA SÉQUENCE DE TRAVAIL

a) La répartition des enfants

C'est l'enseignant qui met en place sa structure de travail et, par là même, compose ses groupes.

En ce qui concerne notre expérience relative aux "activités inductrices", les groupes de six à huit enfants s'échelonnent sur une ou deux semaines. Le graphisme sur fiche peut également être réalisé avec tout le groupe-classe. Dans le premier cas, nous proposons plusieurs sortes de fiches selon les thèmes déjà étudiés. C'est l'enfant qui privilégie les tracés verticaux, horizontaux ou obliques. Si le graphisme fait l'objet d'un seul atelier de six à huit enfants, il faut alors prévoir des activités calmes pour l'autre partie du groupe-classe.

b) Le temps de réalisation

Il varie selon les enfants, selon les sujets et parfois selon les jours de la semaine. Néanmoins, il faut prévoir quinze à vingt minutes pour l'activité "inductrice". Le travail sur la fiche nécessite dix à quinze minutes: l'assimilation des tracés est assez rapide.

L'enfant doit placer le repère carré en haut.

Si des activités manuelles se greffent sur les graphismes, il faut envisager un temps plus long : de trente minutes à une heure.

c) La fréquence

Cette activité, qui exige le calme et le silence pour faciliter la concentration, l'application des enfants, est – en général – conduite une ou deux fois par semaine. C'est chaque maître qui en décide en fonction de sa classe. Après une fiche, les reprises sont conseillées pour aider les enfants les plus lents à terminer un travail peu élaboré. Elles permettent aussi, pour certains, de mieux apprendre à respecter une consigne donnée.

d) Des variantes aux fiches

Elles naissent au travers des réalisations.

Il y a une transformation de la consigne initiale. Les deuxièmes lectures sont mises en valeur et le fichier facilite l'élargissement graphique.

Prenons la fiche sur la trace inclinée (voir page 26) :

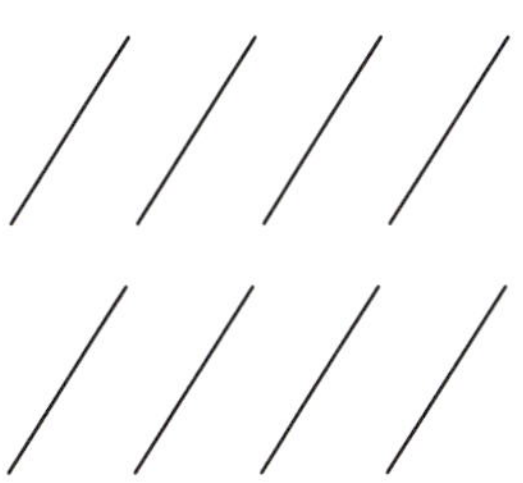

La consigne lors de la première réalisation est : *Tracer deux traits inclinés entre chacun des traits existants :*

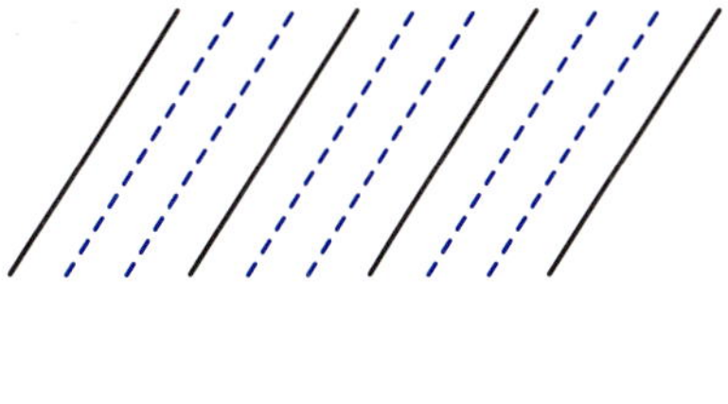

Mais d'autres interprétations sont possibles :
– *Joindre en sens opposé les extrémités des traits.*

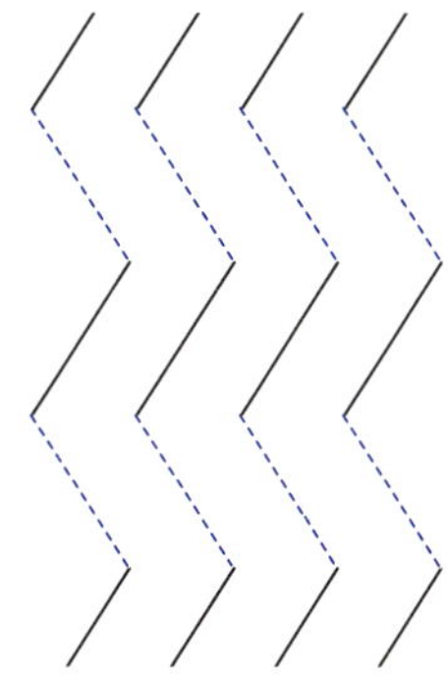

– *Chacune des extrémités peut être le point de départ de plusieurs traces inclinées.*

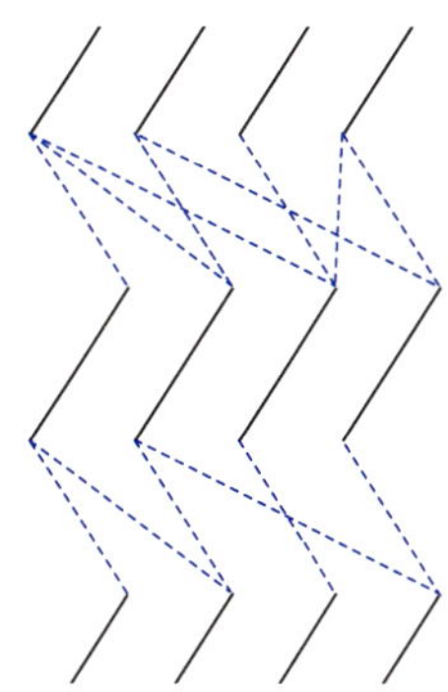

Le fichier se diversifie à chaque séquence. Il propose une grande variété d'activités graphiques.

e) L'album de la classe

Cet album contient des réalisations sur fiches et des références artistiques : une reproduction graphique, des photocopies de documents, des publicités, des photos de magazines. Une phrase courte illustre le sujet abordé.

L'enfant se familiarise ainsi avec certains noms de créateurs. Notre démarche graphique prend alors une autre dimension, car ce recueil est vécu comme le livre d'or de la classe, celui où l'on place, chaque semaine, les plus belles réalisations.

6. CONCLUSION

Ainsi conçu, le graphisme en moyenne section se présente comme une activité éminemment riche. Il permet une communication sans cesse renouvelée sur les travaux enfantins et sur les œuvres des artistes. Le graphisme ouvre la voie au décoratif que les enfants vont réinvestir dans leurs dessins, parfois même à l'atelier de peinture. Le jour où l'on travaille avec des pinceaux fins, on induit graphisme et couleur. L'imprégnation par les œuvres, par des sélections de publicité, par des images, enrichit considérablement les productions. Si l'on compare l'évolution des travaux de chaque enfant, celle-ci est spectaculaire sur un trimestre et surtout sur l'année scolaire.

Et l'écriture dans tout cela ? Avec quelques enfants, elle se met en place en fin de moyenne section ; avec la majorité des élèves, elle est menée à bien très rapidement en grande section.

Les maîtres qui reçoivent les enfants entraînés par notre méthode ont constaté qu'ils obtiennent sans peine d'excellents résultats graphiques, car les enfants ont peu à peu intégré les gestes moteurs qui favorisent une écriture assurée. Ils remarquent également le goût des enfants à remplir harmonieusement les interlignes.

Ainsi, on se croit autorisé à dire que **l'écriture naît d'une activité grapho-motrice orientée.**

III. La pratique graphique

1. Lignes horizontales

Objectif

Réaliser des traces graphiques horizontales et donc parallèles à partir de sensations auditives.

Matériel

- 1 grande feuille présentant quatre traces graphiques (voir Stratégie),
- des feuilles blanches (21 x 29,7 cm) avec une surface graphique (14,5 x 11 cm),
- des stylos-feutres (pointe fine et pointe large),
- 1 flûte,
- les fiches graphiques,
- des reproductions d'œuvres d'art : Albers, *Skyscrapers* (1929) ; *Overlapping* (1927).

Stratégie

Première étape

▪ Proposer un jeu à partir de quatre traces graphiques correspondant à quatre phrases chantées. Expliquer aux enfants la correspondance entre la “phrase” graphique et la phrase chantée.

▪ Interpréter vocalement les graphismes et les retrouver à chaque fois.

1. Interprétation chantée ou instrumentale avec des plages de notes tenues de même intensité, interrompues par de forts contrastes.

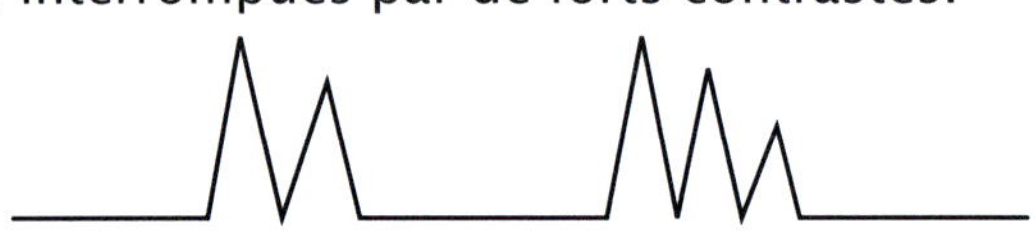

2. Modulation chantée sans changement brutal (crescendo et decrescendo en douceur).

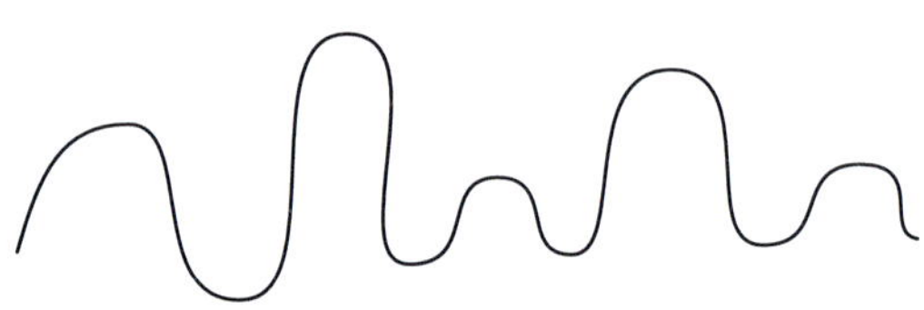

3. Note tenue à l'instrument ou à la voix ; son de même intensité.

4. Son diminuant d'intensité.

▪ Multiplier les essais, c'est un jeu de prélecture qui nécessite une grande attention auditive et visuelle.

Deuxième étape

▪ À partir de la phrase musicale vocale ou instrumentale correspondant à la note tenue, il est possible de travailler individuellement le tracé graphique de la ligne horizontale.

Le jeu consiste à jouer sur l'alternance de sons tenus aigus ou graves.

▪ Les enfants disposent d'une feuille et de deux stylos-feutres (l'un à pointe fine ; l'autre à pointe large) :
– lorsque la phrase correspond à la tonalité aiguë, les enfants tracent une ligne horizontale avec le stylo-feutre à pointe fine ;
– lorsque la tonalité est grave, l'enfant saisit le stylo-feutre à pointe large et trace une ligne horizontale parallèle à la précédente.

C'est l'oreille qui induit le choix de l'outil traceur.

▪ Varier l'alternance des sons de manière à susciter un intérêt toujours croissant pour la phrase qui suit.

Cet exercice graphique sur feuille 21 x 29,7 cm avec une surface de travail de 14,5 x 11 cm est réalisé à partir du haut et de gauche à droite.

Fiches graphiques

(voir en annexe p. 64 les fiches graphiques en grand format)

(voir l'encart couleur p. I : les réalisations enfantines)

1.

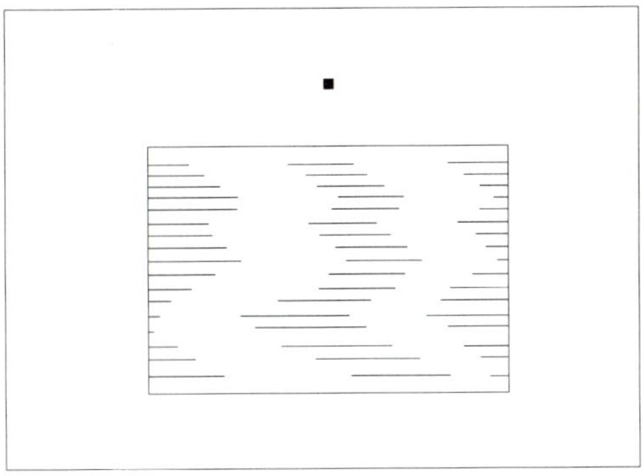

Relier par des traces horizontales les lignes existantes de manière à obtenir une ligne continue de gauche à droite (travail par segments).

Ne pas recouvrir les lignes existantes.

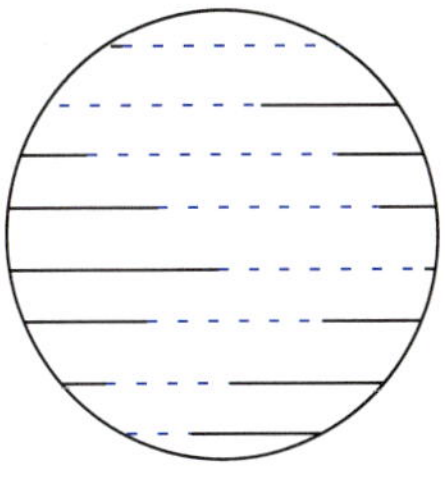

2.

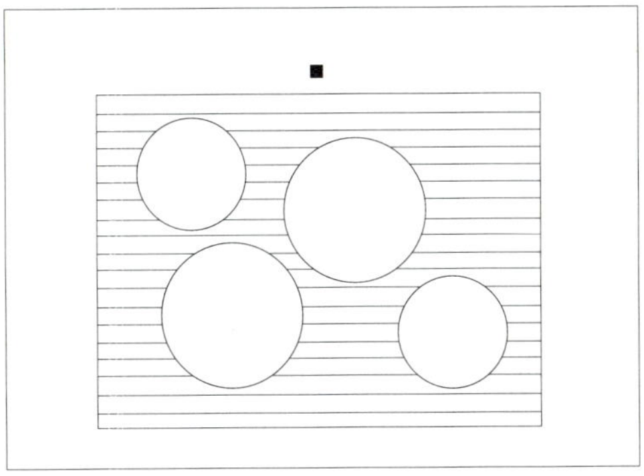

Poursuivre à l'intérieur des surfaces rondes, les lignes horizontales de l'extérieur avec un gros feutre.

Commencer en haut à gauche.

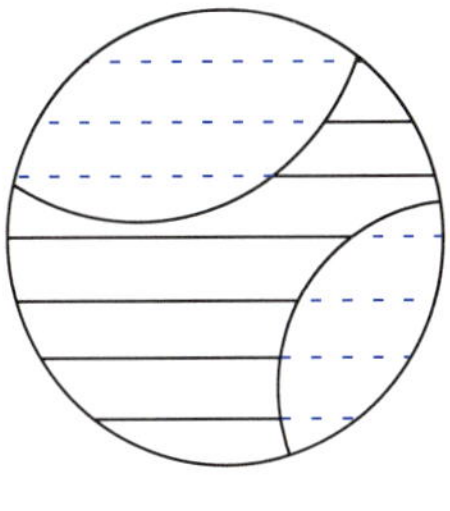

3.

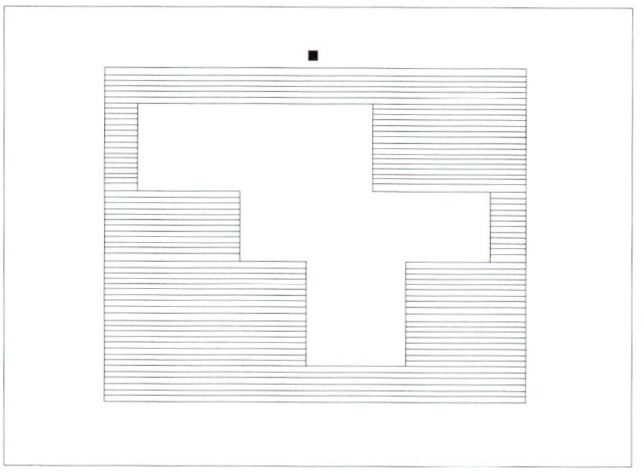

Compléter avec un feutre fin l'espace intérieur en respectant le tracé linéaire extérieur.

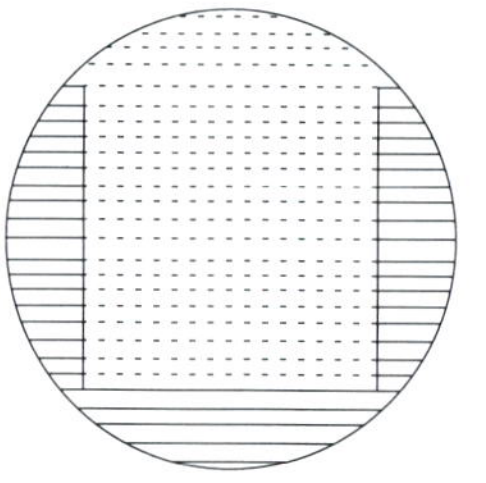

Commencer en haut à gauche.

Évaluation

▪ C'est une expérience intéressante qui demande une attention auditive, visuelle et gestuelle au cours de l'exercice instrumental et une attention visuelle et gestuelle au cours des autres exercices sur fiches graphiques.

▪ Produire le son vocal ou instrumental tout le temps d'exécution de chaque ligne horizontale. Le temps de réalisation est variable selon les enfants. Il arrive que les plus rapides tracent plusieurs lignes. Il est nécessaire de respecter la consigne : une seule ligne à chaque son tenu.

La ligne horizontale dans les œuvres d'art

▪ Présenter au groupe-classe les reproductions d'Albers.

▪ Laisser les enfants s'exprimer.

▪ Sélectionner et coller dans l'album de la classe.

Prolongements

1. Peinture

Avec une feuille format demi-raisin, des pots de peinture et des pinceaux gros et fins. Les enfants répartissent leurs lignes à leur façon.

2. Collage et peinture

Avec des carrés de Canson de différents formats, des feuilles 21 x 29,7 cm et de la peinture. Coller des carrés en ordre dispersé sur une feuille. Tracer des lignes horizontales de part et d'autre des obstacles carrés.

3. Collage

Avec des bandes de papier fines et larges. Les enfants répartissent et collent les bandes selon leur idée sur des feuilles 21 x 29,7 cm.

2. Lignes verticales

Analyser chacune des lettres de l'alphabet de l'écriture cursive et repérer les traces rectilignes qui composent la plus grande partie d'entre elles, c'est repérer essentiellement des verticales descendantes.

Objectif **À partir d'expériences de sciences physiques, réaliser des trajectoires rectilignes verticales descendantes.**

Matériel

- des galets,
- des craies,
- des gobelets d'encre,
- 6 feuilles format 1/2 raisin,
- de gros pinceaux ronds,
- du papier journal,
- les fiches graphiques,
- des reproductions d'œuvre d'art : Agam, *Effusion plastique* (1956) ; des photos de tours contemporaines.

Stratégie

1. Motricité : lâcher de galets

- Se placer sur le tapis de la classe.

CONSIGNE :

- Prendre un galet, placer son bras en avant perpendiculairement au corps.
- Lâcher le galet sans le jeter.
- Observer la trajectoire.
- Répéter cette expérience avec de nombreux enfants.
- Réaliser graphiquement ces trajectoires avec des craies sur le tableau mural de la classe.

2. Activité manuelle : les coulures d'encre

- Former un groupe de six enfants.
- Accrocher six feuilles de format 1/2 raisin verticalement à hauteur d'épaule de l'exécutant (si elles sont fixées trop haut, l'encre risque de couler le long du bras !). Étaler au sol du papier-journal pour absorber les coulures. Disposer des pots de verre contenant des encres de différentes couleurs.

CONSIGNE :

- Exécuter des coulures.
- Tenir ses pieds à l'écart.
- Prendre un pot d'encre dans une main et le pinceau dans l'autre.
- Tremper le pinceau dans l'encre, l'essuyer très légèrement et le poser très rapidement en haut et à gauche de la feuille. Appuyer fortement jusqu'à ce que l'encre coule.
- Lorsque la goutte atteint le bas de la feuille, retirer le pinceau.
- Recommencer l'expérience à côté de la première trace en alternant les couleurs et continuer ainsi vers la droite sur toute la feuille.
- Observer les lignes verticales réalisées individuellement puis collectivement ; analyser les différentes étapes d'exécution.

Fiches graphiques

(voir en annexe p. 64 les fiches graphiques en grand format)

(voir encart couleur p. I : les réalisations enfantines)

1.

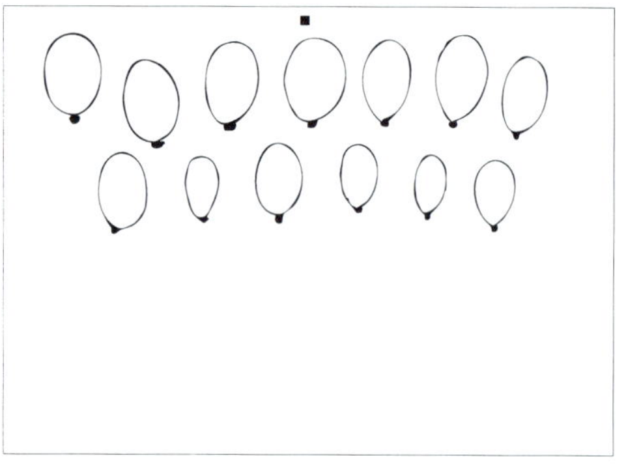

Par des lignes verticales, représenter les cordes qui retiennent les ballons.

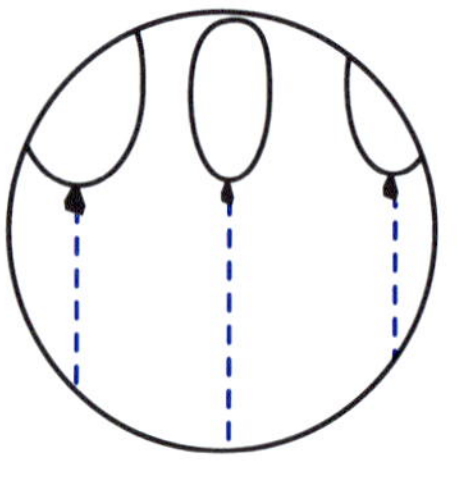

2.

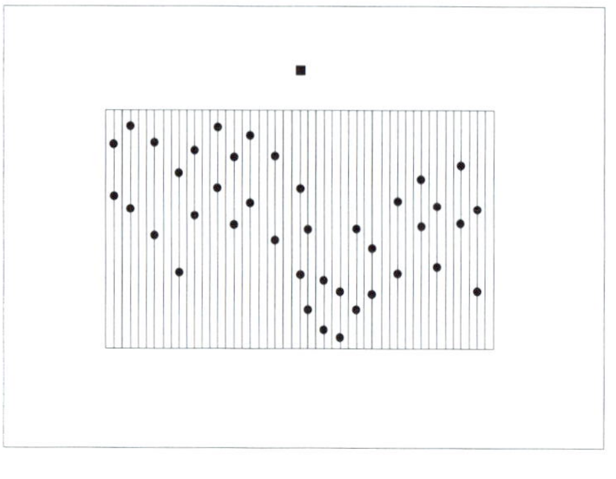

Partir du point situé en haut de chaque trace verticale et glisser le long de celle-ci. S'arrêter au deuxième point.

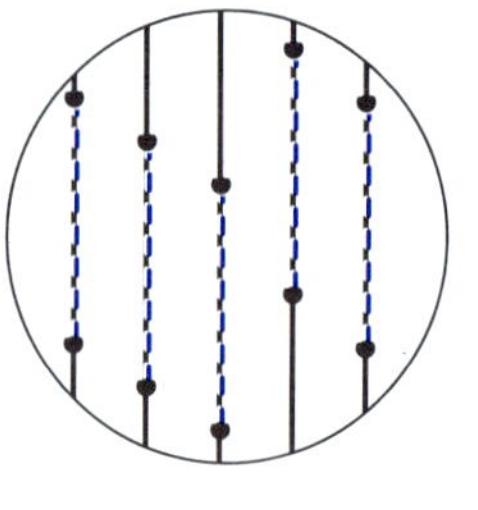

3.

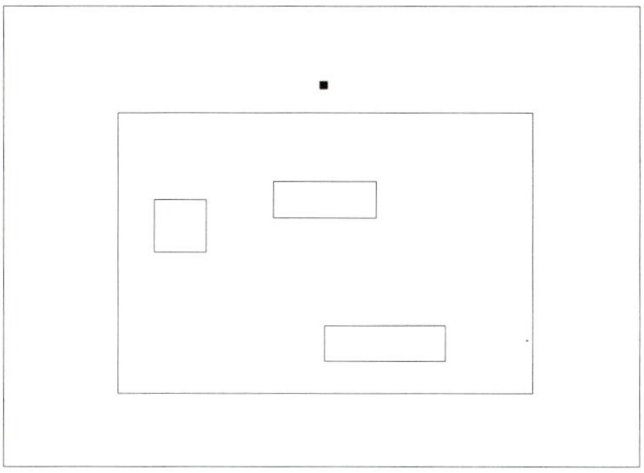

Tracer des lignes verticales de haut en bas en évitant les obstacles.

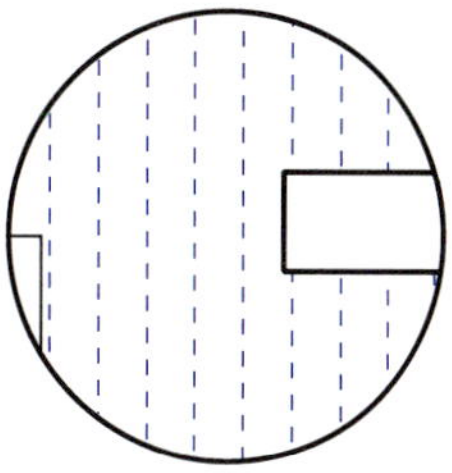

4.

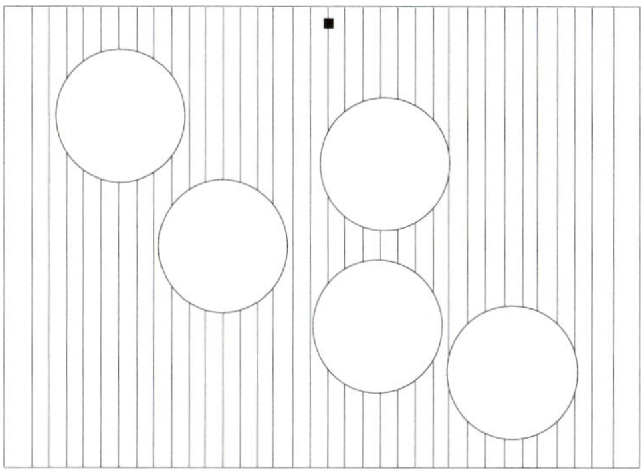

Tracer des lignes verticales à l'intérieur des surfaces rondes en suivant le tracé extérieur.

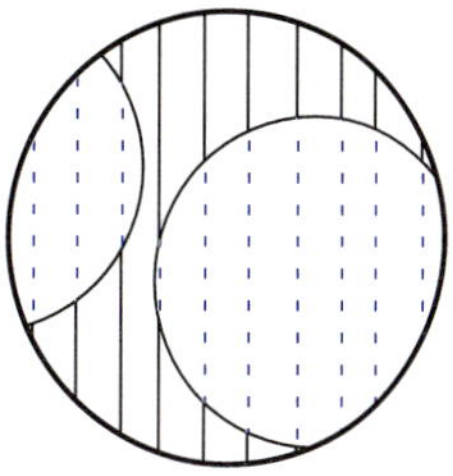

La trace verticale dans les œuvres d'art

- Présenter au groupe-classe les œuvres d'Agam et les photos de tours modernes.
- Laisser les enfants s'exprimer.
- Sélectionner et coller dans l'album de la classe.

Prolongements

1. Activité manuelle : les empreintes verticales

Peindre des emballages de paquets de gâteaux et faire des empreintes verticales. Laisser sécher et faire des lignes verticales par un autre procédé pour donner une autre dimension (collage ou dessin à la craie).

2. Relais : le sac de graines

Former deux équipes de cinq enfants : les enfants se mettront en fil indienne face à l'autre équipe. Placer les deux premiers enfants sur la ligne de départ.

CONSIGNE :

Au signal, saisir le sac placé au sol ; l'élever à hauteur d'épaule et le lâcher, gagner la case retour. Faire circuler le sac le plus rapidement possible. La première équipe arrivée à la case retour a gagné.

3. Lignes obliques

Faire tendre une trace verticale vers une trace horizontale, c'est réaliser une multitude de lignes obliques.

Objectif **Découvrir à partir d'expériences concrètes de très nombreuses lignes obliques.**

Matériel

- de la carteline souple (papier Canson format raisin),
- des craies ou des stylos-feutres,
- des cadrans de papier Canson (diamètre : 20 cm),
- des bandes de papier de 0,5 cm de large sur 10 à 11 cm de long, de couleurs différentes,
- de la colle vinylique,
- les fiches graphiques,
- des reproductions d'œuvres d'art : Klee, *Härten in Bewegung* (1927) et *Fahnenschwingender Propagandist* (1920).

Stratégie

1. Activité manuelle : la silhouette

PRÉALABLE :

▪ Découper une silhouette dans une feuille de Canson format raisin.

▪ Perforer deux fois les éléments épaule et bras pour les fixer souplement l'un sur l'autre avec une ficelle. Faire de même avec les jambes.

▪ Accrocher la silhouette verticalement sur le tableau mural ou une feuille de papier.

CONSIGNE : Placer les bras ou les jambes en position verticale ou horizontale. Tracer une ligne le long des membres puis déplacer légèrement ceux-ci en les faisant glisser et tracer à nouveau une ligne...

▪ Chercher toutes les positions intermédiaires possibles entre la verticale et l'horizontale.

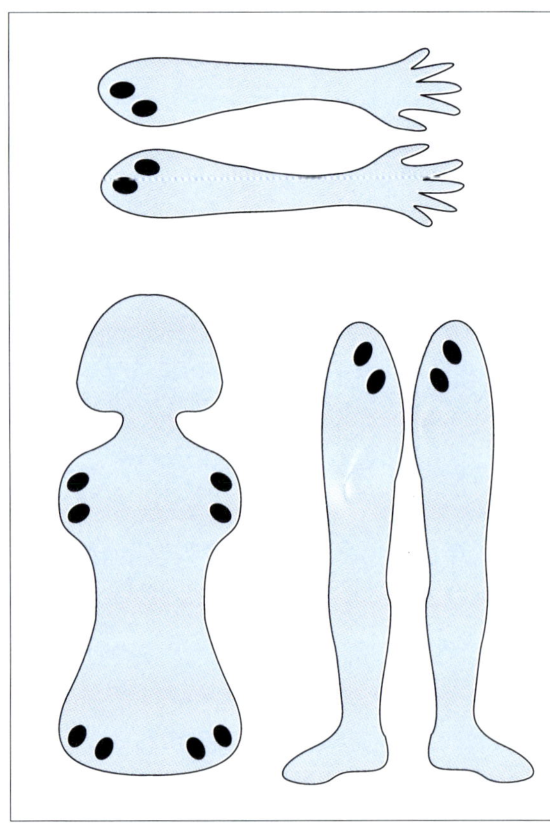

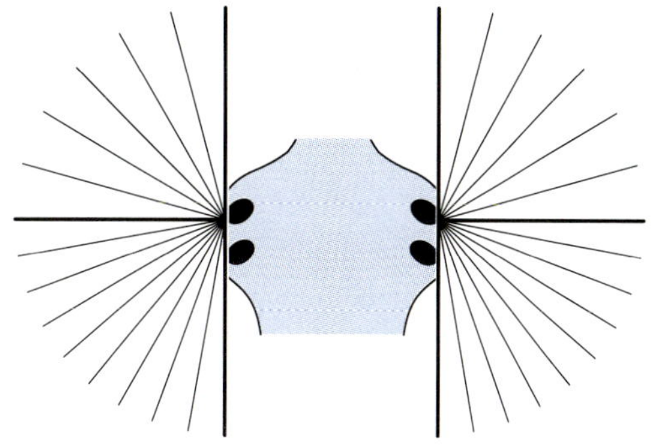

- Changer de couleur à chaque tracé.
- *Rendre l'expérience vivante en faisant mimer les réalisations ou en faisant tracer après observation du mime.*
- Ôter la silhouette et observer les traces réalisées.
- Faire remarquer l'inclinaison, l'éloignement, le rapprochement de la position horizontale ou verticale.
- Donner un nom au trait incliné : **la ligne oblique**.

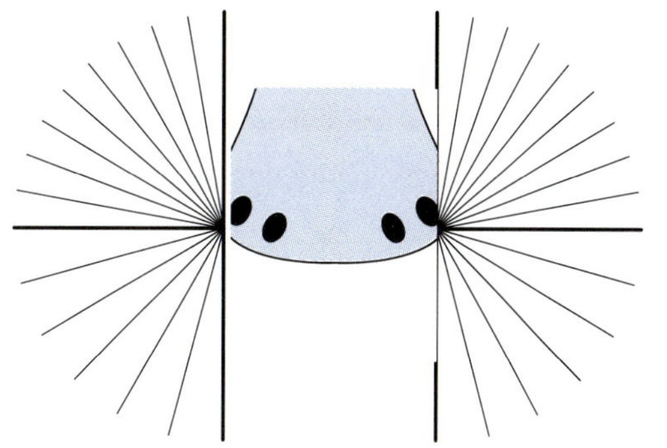

2. Activité manuelle : les cadrans

Former un groupe de six enfants et distribuer les cercles et les bandes de papier (voir Matériel). Deux diamètres perpendiculaires délimitent quatre quartiers.

CONSIGNE :

- Placer quelques points de colle sur chaque bande et appliquer l'une des extrémités sur le centre du cadran à l'intersection des deux lignes.
- Superposer les extrémités de chaque bande sur le centre du cadran pour une bonne répartition des lignes obliques dans les quatre quartiers.

Fiches graphiques

(voir en annexe p. 64 les fiches graphiques en grand format)

(voir encart couleur p. I : les réalisations enfantines)

1.

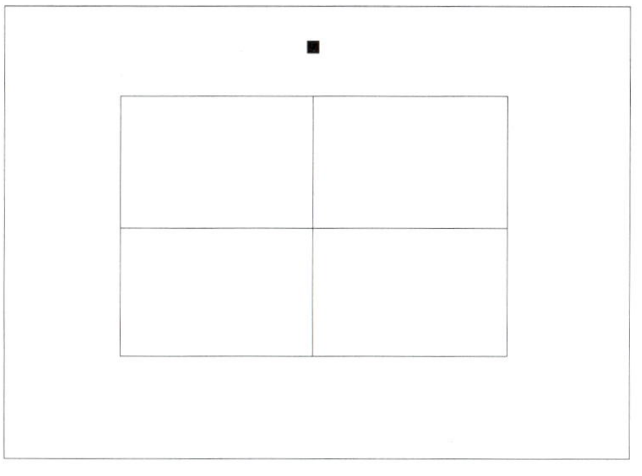

Tracer des lignes à partir du centre vers la périphérie en utilisant une couleur par quart.

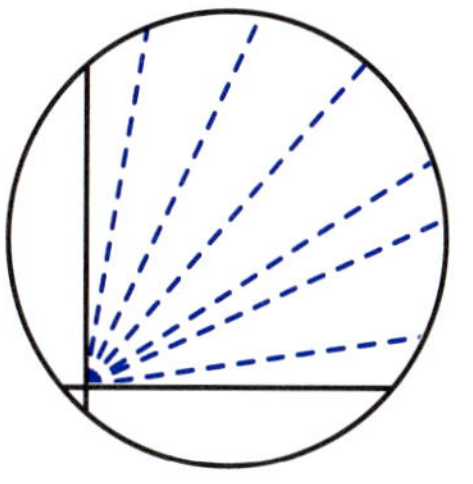

2.

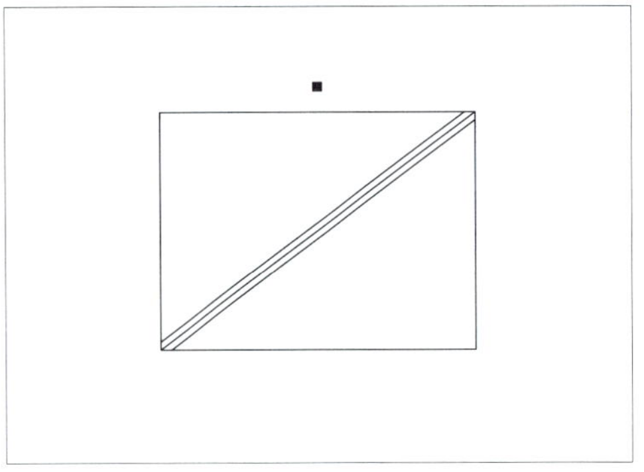

Tracer des lignes en suivant les diagonales centrales de façon à occuper tout l'espace.

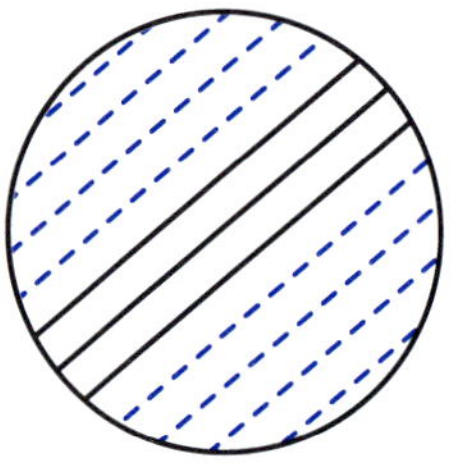

3.

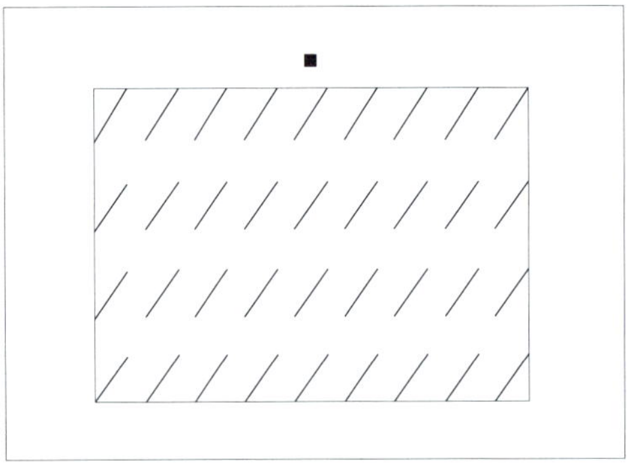

Tracer deux traits inclinés entre chacun des traits existants.

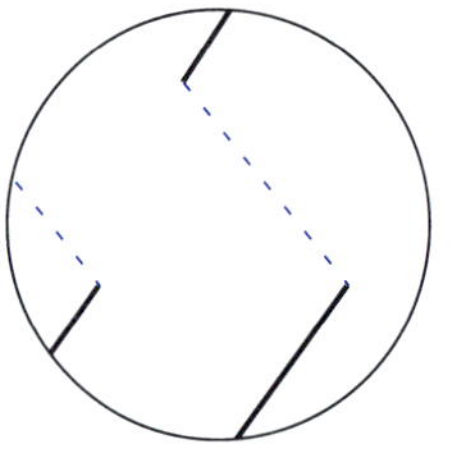

VARIANTE : joindre en sens opposé les extrémités des traits.

4.

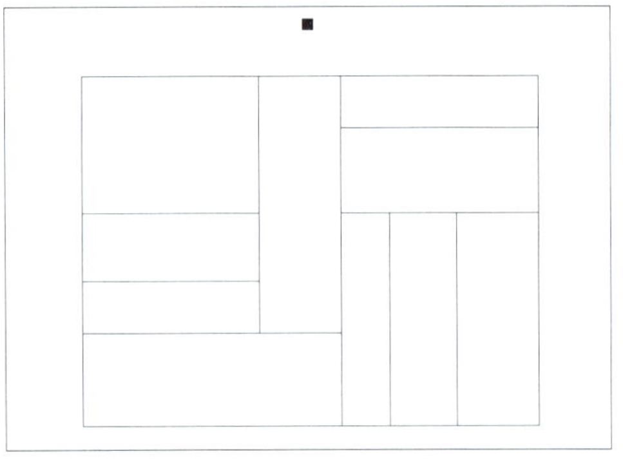

Remplir chaque espace en changeant de sens pour chacun.

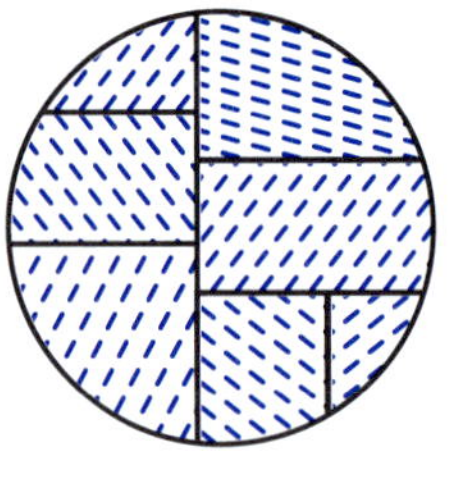

Prolongements

1. Activité manuelle : oblique et superposition

Avec des carrés de carteline rouge (10 x 10 cm) et des bandes de deux couleurs (1 x 15 cm).

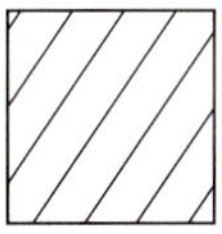

- Coller les bandes en position oblique.
- Changer de couleur et de sens.

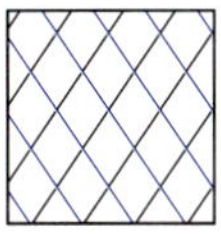

- Après séchage, découper les bandes qui "débordent".

2. Activité manuelle : oblique et symétrie

Avec un fond rouge ou vert (27 x 10 cm) et des bandes noires et blanches (1 x 15 cm).

- Plier la feuille en deux, la déplier et marquer la ligne médiane.

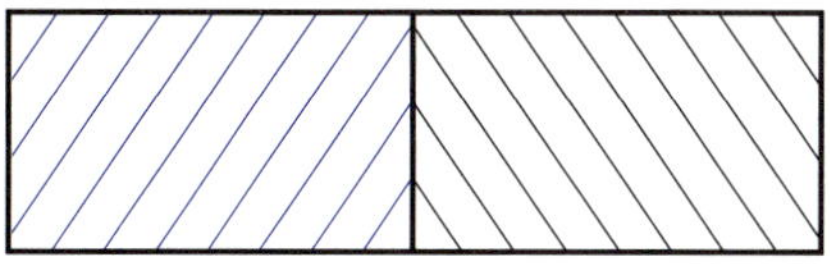

- Espace gauche : décorer avec des bandes d'une couleur en position oblique.
- Espace droit : placer des bandes de couleur opposée en respectant la symétrie.

3. Peinture : empreintes

- Peindre des emballages ondulés de paquets de gâteaux et faire des empreintes inclinées qui se chevauchent en direction opposée.

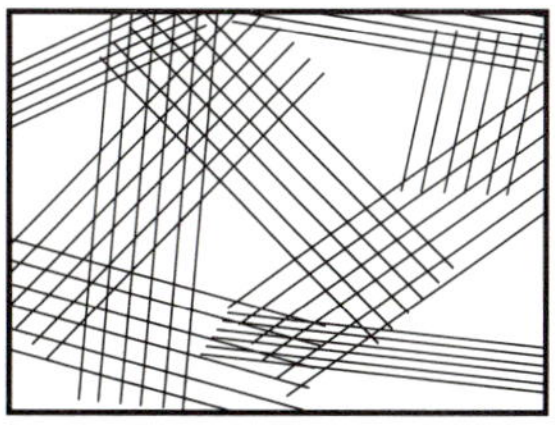

4. Fantaisies linéaires à la règle

Objectif **Tracer des lignes à l'aide d'une règle.**

Matériel

- 1 grande règle de bois,
- des règles longues à section carrée,
- un tableau mural,
- des bandes de papier rectilignes (0,5 x 20 cm) de différentes couleurs,
- des craies de couleur,
- des stylos-feutres,
- de la colle,
- les fiches graphiques,
- des reproductions d'œuvres d'art : Albers, *Transformation of a sheme n° 30* et *Transformation of a sheme n° 26.*

Stratégie

Première étape

Former un groupe de 6 enfants près du tableau mural.

CONSIGNE :

À l'aide de la règle, tracer un trait.

▪ Le premier essai est impossible à réaliser avec un seul enfant : la règle est trop longue, oscille sans cesse et entraîne une fatigue du bras. Si le trait est réalisé, il reste "court".

▪ On organise un moment de langage pour savoir comment rendre le travail réalisable.

Il faut trois enfants : deux tiennent la règle à chaque extrémité et le troisième trace le trait à la craie.

▪ L'expérience est ensuite renouvelée en variant le sens et les couleurs. On obtient alors de nombreuses lignes droites qui se coupent.

▪ Un nouveau moment de langage permettra de s'exprimer à propos de la réalisation obtenue.

Deuxième étape

Regrouper le groupe-classe, informer les enfants sur l'expérience précédente puis les répartir dans deux ateliers.

- Atelier 1 : graphisme avec les fiches photocopiées.
- Atelier 2 : collage de bandes de papier rectilignes assez fines (0,5 cm) de différentes couleurs dans un espace délimité.

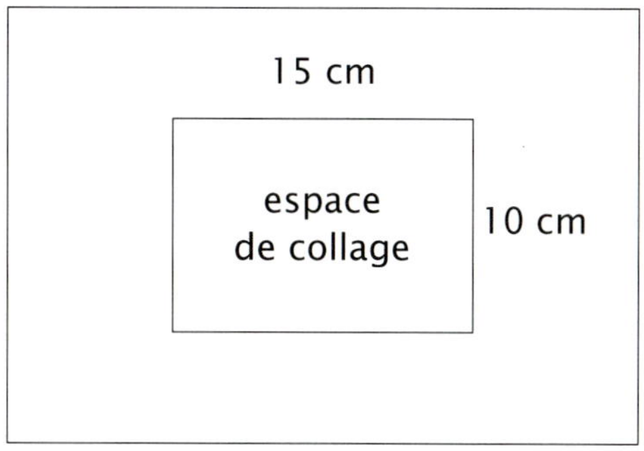

feuille de format 21 x 29,7 cm

CONSIGNE :

Coller des bandes de papier de différentes couleurs à l'intérieur de l'espace de collage.

- Ne pas hésiter à faire chevaucher les bandes.
- Couper ce qui dépasse.

Fiches graphiques

(voir en annexe p. 64 les fiches graphiques en grand format)

(voir encart couleur p. I : les réalisations enfantines)

1.

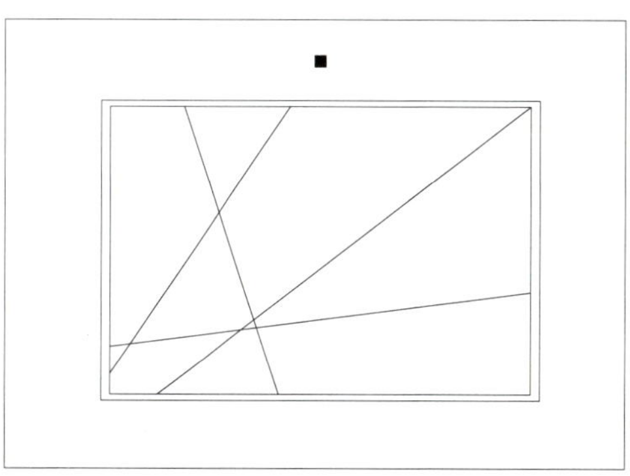

Tracer des traits en tous sens allant d'un bord à l'autre à l'aide d'une règle.

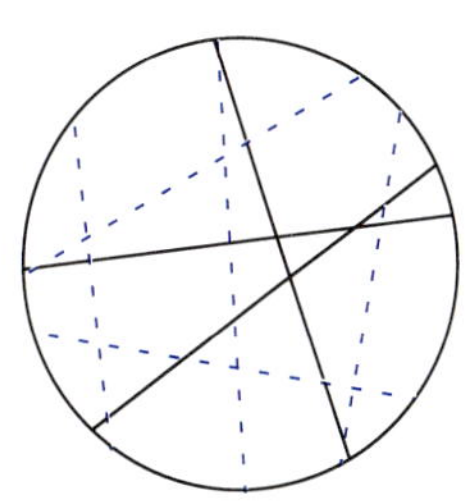

2.

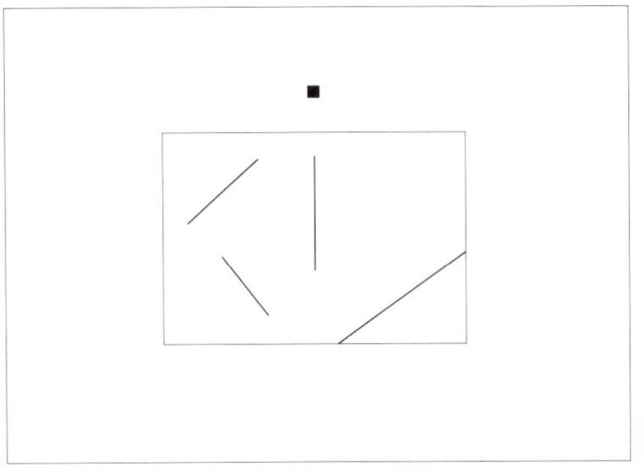

À l'aide d'une règle, tracer des lignes droites en tous sens sur chacun des traits.

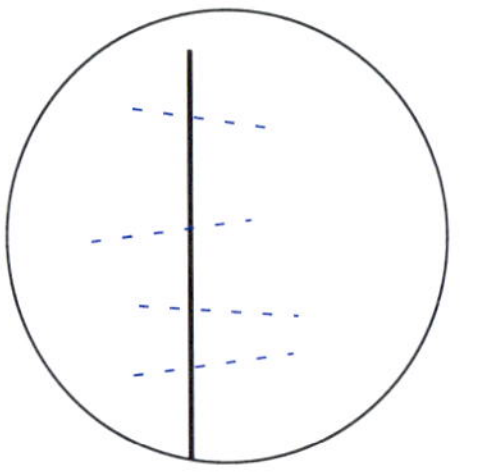

Évaluation

- L'utilisation des mains est simultanée. Une main est statique pour tenir la règle et faire pression dessus; l'autre est en mouvement pour tracer la ligne le long de la règle.
- Vif attrait pour ce "jeu" de règles.
- Les réalisations sont intéressantes.

Le linéaire droit dans les œuvres d'art

- Observer les reproductions d'Albers.
- Laisser les enfants s'exprimer. Éviter d'intervenir sauf pour mettre en valeur un détail intéressant.
- Sélectionner et coller les fiches photocopiées réalisées et des reproductions proposées.

5. Courbes "Pont-Arcade"

Objectif **Réaliser des graphismes à partir de l'analyse d'un mouvement (celui-ci va induire le geste et la trace).**

Matériel

- des sacs de graine,
- des carrés de papier Canson de couleur (10 x 10 cm),
- des ardoises,
- 1 grande feuille (4 fois le format raisin),
- des craies,
- de la peinture noire,
- des stylos-feutres,
- de la colle blanche,
- les fiches graphiques,
- des reproductions d'œuvres d'art : Albers, *Adapted* (1944) et *Adjusted* (1944) ; Kandinsky, *La Grande Tour de Kiev* (1928) ; des photos de cloître.

Stratégie

1. Motricité : sauts d'obstacles

- Former un groupe de six enfants (cinq observateurs et un exécutant).
- Déposer sur le sol des sacs de graines à 50 cm d'intervalle.

CONSIGNE :

Éviter les obstacles en sautant par-dessus à pieds joints.

Observer le mouvement des jambes de l'exécutant.

- Faire sauter les enfants à tour de rôle.
- Organiser un moment de langage pour analyser le déroulement de l'exercice.
- Représenter les sauts dans l'espace par des mouvements larges du bras.
- Réaliser graphiquement sur des ardoises individuelles les sacs de graines et les sauts.

2. Activité manuelle : graphisme-ponts

Présenter au groupe-classe la séquence vécue en motricité et l'expliciter concrètement par l'exercice suivant.

CONSIGNE : Sur une grande feuille (formée de quatre feuilles format raisin), tracer trois lignes horizontales au rouleau.

Coller sur celles-ci des obstacles "carrés" en les espaçant les uns des autres.

- À l'aide d'un gros stylo-feutre, faire "sauter" graphiquement les obstacles en commençant par le premier en haut à gauche.
- Exécuter le geste graphique de gauche à droite.
- Les enfants sautent l'obstacle à tour de rôle.

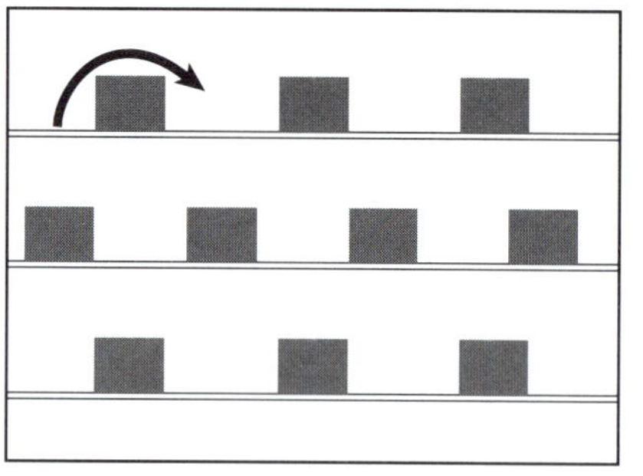

Fiches graphiques

(voir en annexe p. 64 les fiches en grand format)
(voir encart couleur p. I : les réalisations enfantines)

1.

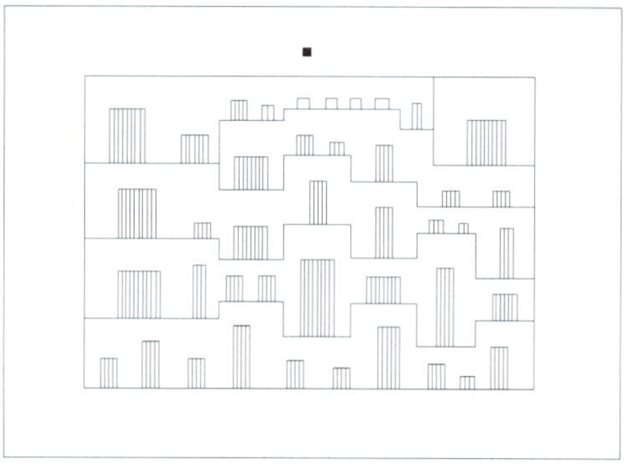

Tracer une ligne courbe au-dessus de chaque obstacle en commençant à gauche.

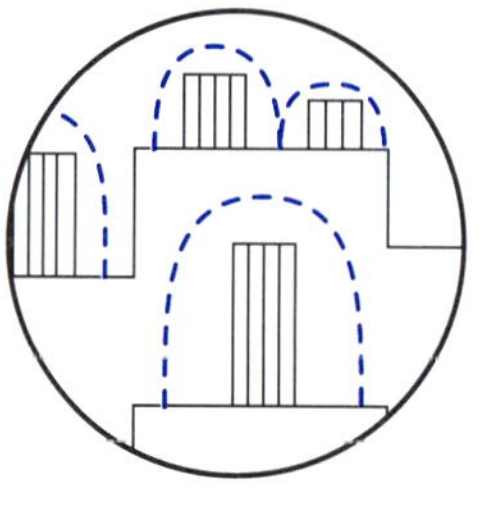

2.

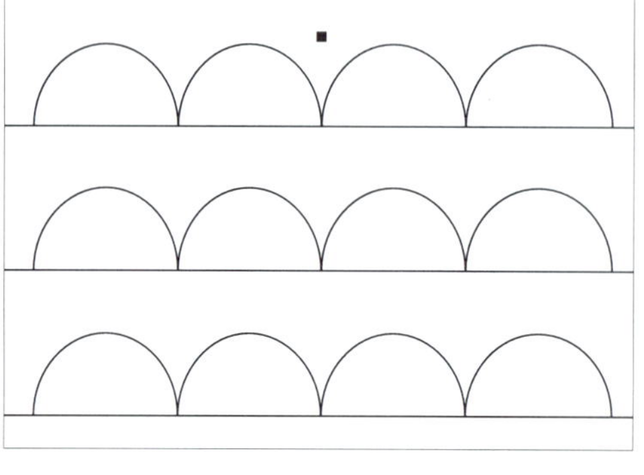

Tracer des lignes courbes à l'intérieur des espaces demi-ronds par ordre décroissant.

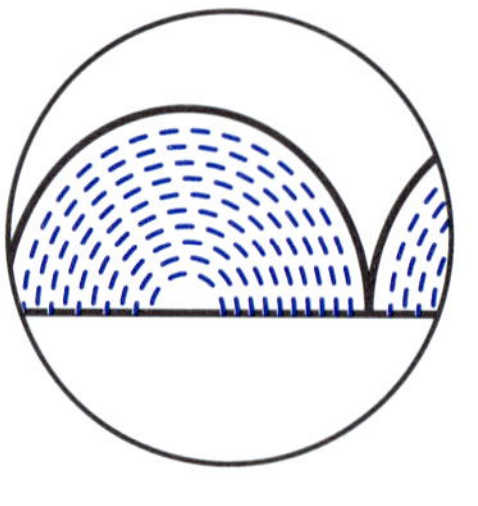

3.

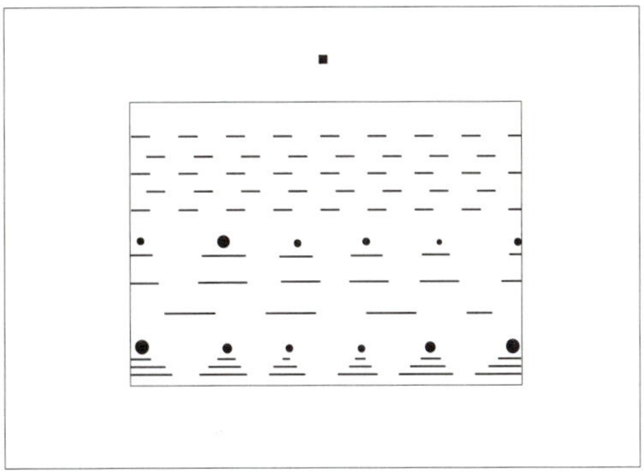

Tracer une courbe "pont" au-dessus de chaque intervalle en la reliant de part et d'autre aux tracés horizontaux.

Commencer à gauche.

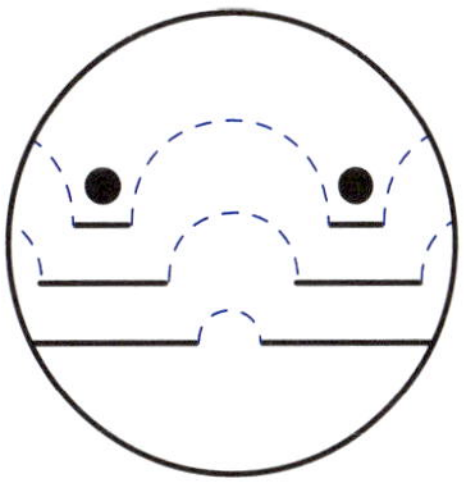

4.

Réaliser des tracés "cannes" au-dessus de la forme arrondie et s'arrêter au trait.

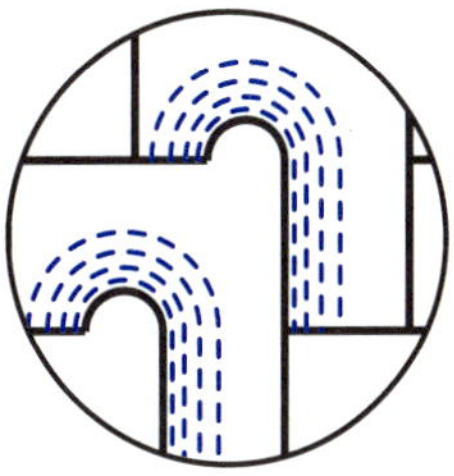

La courbe "pont" dans les œuvres d'art

- Présenter au groupe-classe les œuvres d'Albers, de Kandinsky ainsi que les photos de cloîtres.
- Laisser les enfants s'exprimer.
- Sélectionner et coller dans l'album de la classe.

Prolongements

1. Éducation motrice : sauter des obstacles de différentes hauteurs et longueurs.

2. Activité manuelle : construire des volumes avec des bandes découpées.

– Couper une bande de 6 à 9 cm.

– Enduire de colle les deux extrémités et coller sur un support de manière à créer une arcade.

– Poursuivre le collage avec les autres bandes.

6. Courbes "Creux"

Objectif

Réaliser des graphismes à partir de l'analyse des mouvements effectués avec une corde : courbe au sol, courbe au-dessus de la tête.

Matériel

- 1 corde à sauter,
- 6 feuilles (21 x 29,7 cm) sur lesquelles sont représentées deux silhouettes,
- des stylos-feutres,
- 1 grande feuille (format raisin) collée sur un plan vertical,
- de la peinture noire,
- 30 feuilles Canson (1/4 raisin),
- les fiches graphiques,
- des reproductions d'œuvres d'art : Albers, *Adapted* (1944), *Adjusted* (1944) ; Klee, *Spiel auf Saturnot.*

Stratégie

1. Motricité : corde en mouvement

- Former un groupe de six enfants (cinq observateurs et un exécutant).
- Tenir la corde à chaque extrémité et la placer derrière soi, bras baissés.
- Effectuer un mouvement de rotation des bras pour que la corde passe devant soi. Laisser la corde au sol.
- Le mouvement est réalisé par chacun des enfants.
- Organiser un moment de langage :

– pour discuter de la représentation graphique possible de la corde : une ligne courbe ;

– pour différencier les courbes successives de la corde dans l'espace.

- Représenter graphiquement les courbes de la corde à partir de silhouettes (voir modèle ci-dessous). Les enfants doivent observer attentivement le mouvement des bras des silhouettes proposées.

2. Activité manuelle

Présenter au groupe-classe la séquence vécue en motricité, l'analyser et observer les courbes réalisées à partir des silhouettes. Puis expliciter concrètement la symétrie par l'expérience suivante.

CONSIGNE :

1. Sur une grande feuille (format raisin) sur le plan vertical face au coin regroupement.

- Plier la feuille en deux dans le sens de la longueur (1, 2).
- Ouvrir la feuille et tracer une ligne au stylo-feutre sur la pliure (3).
- Tracer un pont-arcade à gauche au-dessus de la ligne avec un gros pinceau et de la peinture noire (4).
- Replier la feuille et appuyer (5).
- Ouvrir la feuille. Nous découvrons alors une courbe “creux” (6). Le maître rappelle les deux courbes de l'exercice de motricité (silhouettes) et précise que cette courbe “creux” est symétrique à la courbe “pont” par rapport à la ligne de la pliure.
- Recommencer l'opération (4, 5, 6) en alternant les courbes au-dessus, en dessous de la ligne de pliure (7, 8, 9).

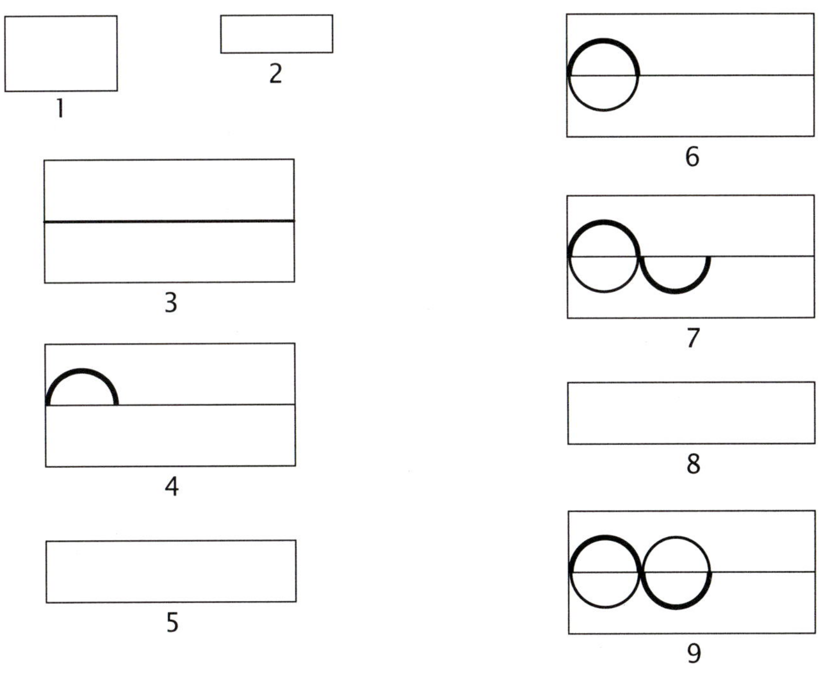

2. Réaliser le même exercice **individuellement** sur une feuille 1/4 de raisin.

Fiches graphiques

(voir en annexe p. 64 les fiches en grand format)

(voir encart couleur p. I : les réalisations enfantines)

1.

Tracer des lignes courbes à l'intérieur des formes demi-rondes pour relier les supports extérieurs.

Point de départ : gauche

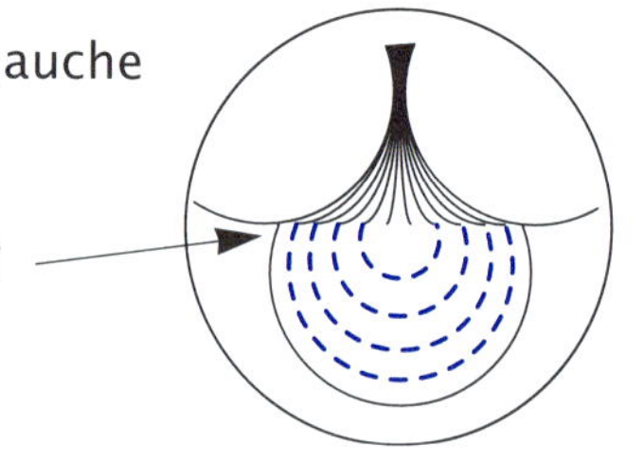

2.

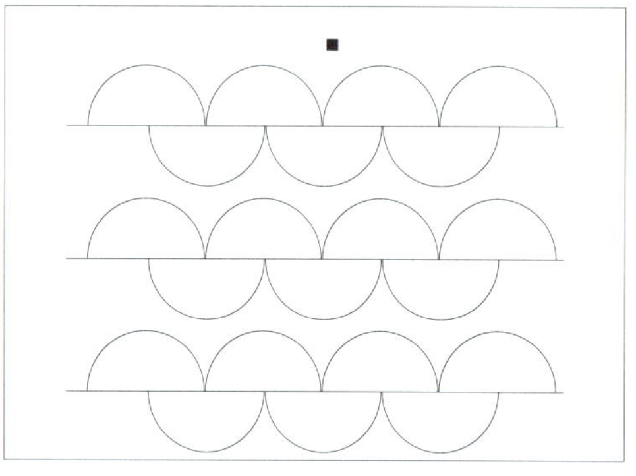

Tracer deux sortes de lignes courbes à l'intérieur des espaces arrondis : "pont-arcade" au-dessus ; "courbe-creux" au-dessous. Enchaîner les lignes

Sens : de la gauche vers la droite.

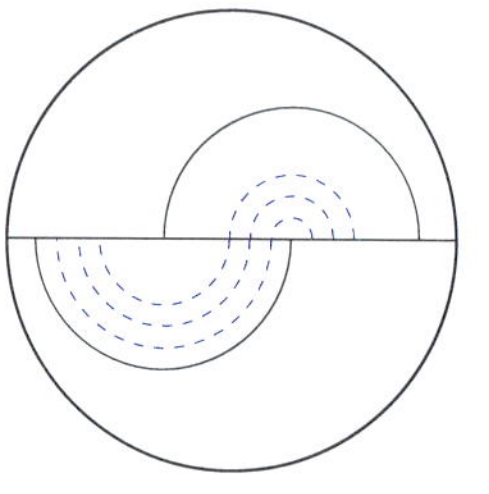

3.

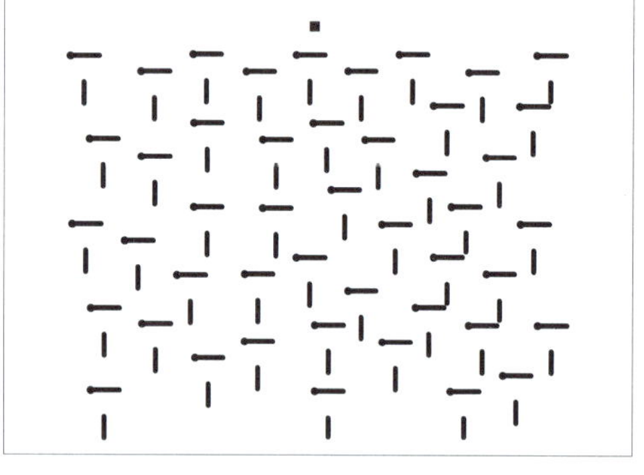

À partir du point, tracer vers le bas une ligne arrondie dont la partie la plus creuse touche la partie haute de la ligne verticale.

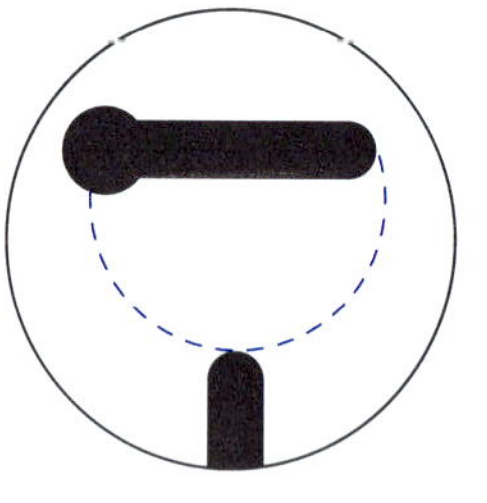

4.

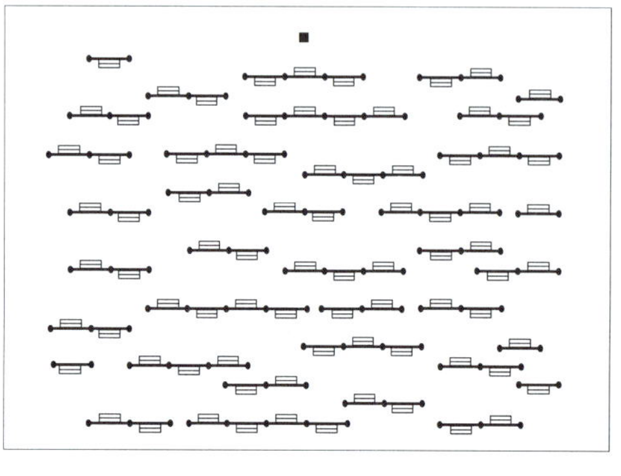

Les points servent de repère aux lignes courbes qui "emprisonnent" les obstacles.

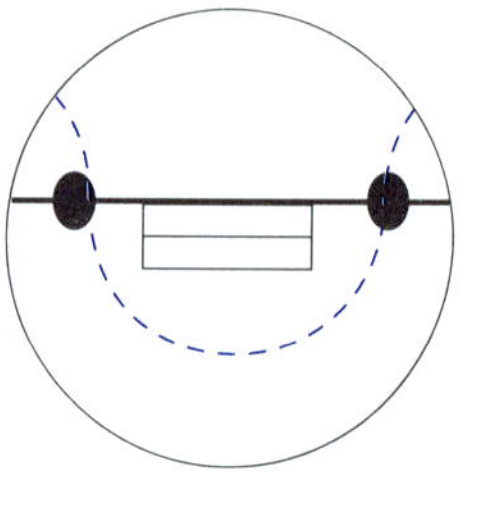

La courbe "creux" dans les œuvres d'art

- Présenter au groupe classe les œuvres d'Alberts, de Klee.
- Laisser les enfants s'exprimer.
- Coller dans l'album de la classe.

Prolongements

1. Fabrication de colliers en terre :

réaliser des colliers avec de fins colombins de 3 à 4 cm percés à chacune des extrémités. Pour le séchage, enfiler sur une tige métallique.

2. Jeux de symétrie :

– réaliser des empreintes en peinture avec des formes découpées.

– découper et coller des formes prédessinées.

7. Lignes ondulantes

Lorsque la ligne ondule, elle crée presque le volume... Ce volume que Arp exploite...

Objectif **Réaliser des tracés graphiques très utilisés dans les œuvres d'art.**

Matériel

- 40 bandes de papier crépon (4 cm x 1,50 m),
- 40 feuilles blanches (21 x 29,7 cm),
- de gros stylos et des feutres de couleur,
- les fiches graphiques,
- des reproductions d'œuvres d'art : Kandinsky, *Leftside of the door* (1922), *Segment rouge* (1927) ; Klee, *Sonne über dem Wasser* (1929).

Stratégie

1. Motricité : expression corporelle

- Écouter une berceuse (chant ou musique) ;
- Laisser les enfants s'exprimer. Écouter à nouveau.
- Distribuer les bandes de papier crépon déployées à six enfants.

CONSIGNE : Faire danser la bande de papier crépon sur le rythme de la berceuse par des mouvements de bras.

- Commencer debout puis s'asseoir.

Le maître repère les interprétations intéressantes, commente, valorise certains mouvements du poignet, du bras ou de l'ensemble du corps. L'ondulation est plus ou moins marquée.

- Reprendre l'interprétation de la berceuse avec tout le groupe-classe.

2. Activité manuelle : interprétation graphique

Aussitôt après la séquence de motricité, les enfants, allongés, doivent interpréter graphiquement ce qu'ils ont vécu.

CONSIGNE :

- Se représenter avec la bande flottante à la main.
- Reproduire les ondulations des bandes de papier crépon.

Fiches graphiques

(voir en annexe p. 64 les fiches en grand format)

(voir encart couleur p. I : les réalisations enfantines)

On présentera les fiches après un moment de langage sur l'expression corporelle et d'observation des graphismes réalisés.

1.

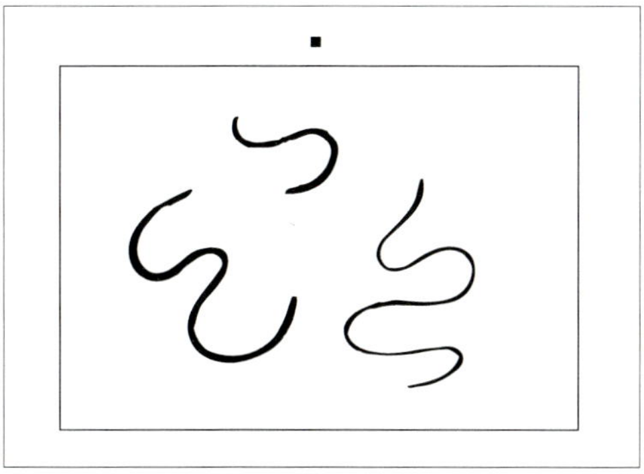

Tracer des lignes ondulantes dans l'espace réservé.

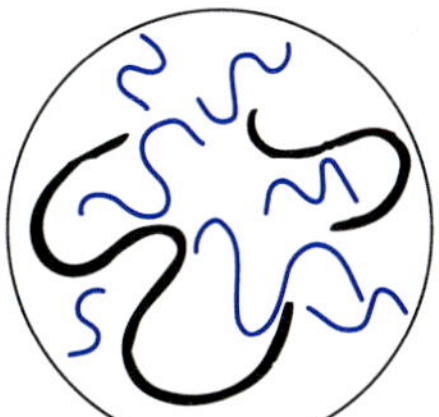

2.

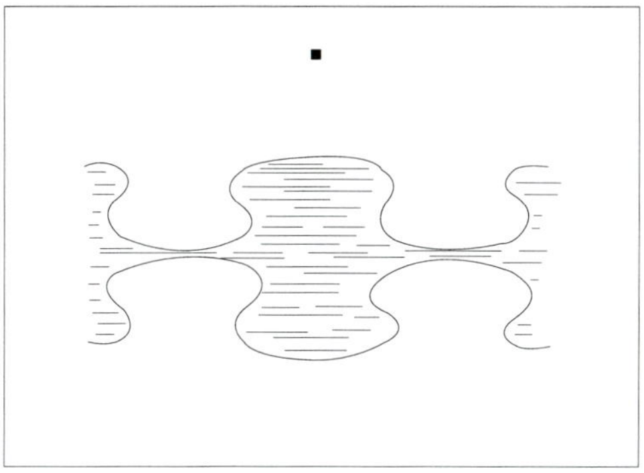

Suivre le tracé au-dessus et au-dessous.

Représenter le plus grand nombre de lignes possible avec une grande variété de couleurs.

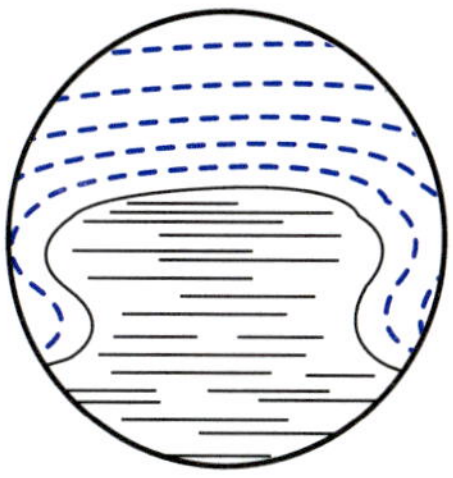

3.

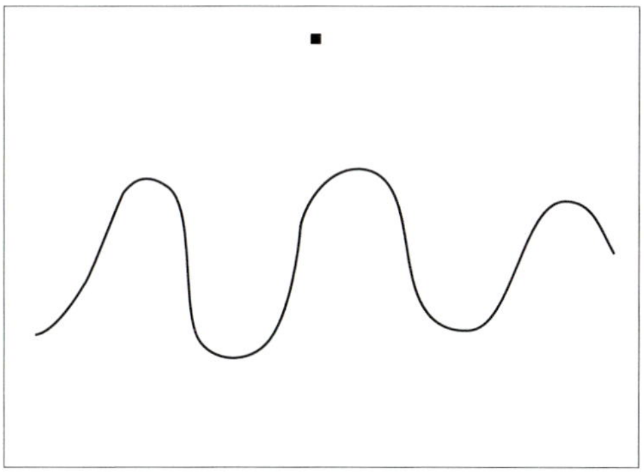

Suivre les tracés et reproduire des lignes successives en variant les couleurs.

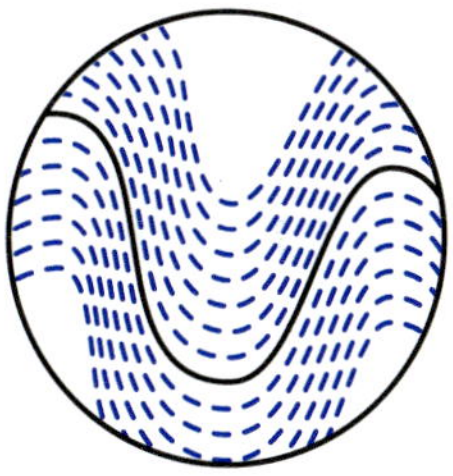

4.

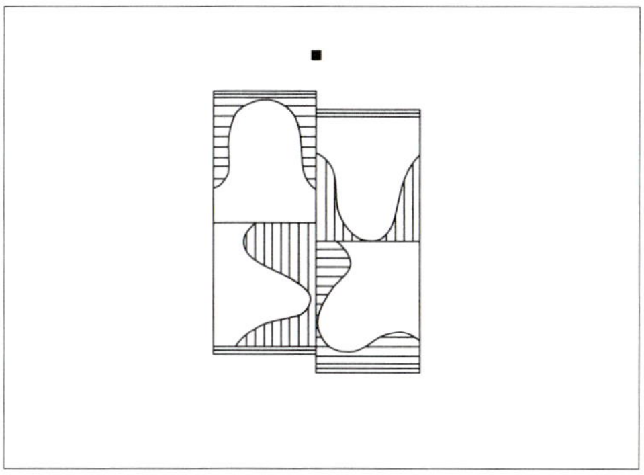

Remplir l'espace intérieur de chacune des formes en suivant la ligne ondulante.

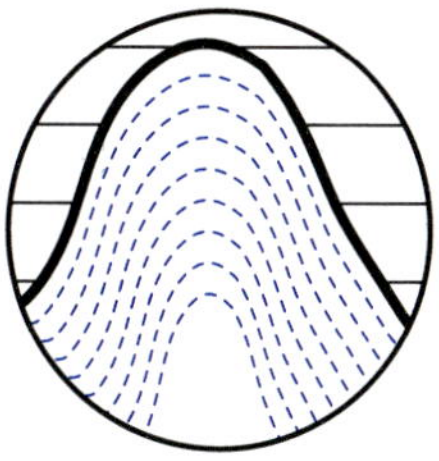

La ligne ondulante dans les œuvres d'art

- Présenter au groupe-classe les reproductions de Kandinsky et de Klee.
- Laisser les enfants s'exprimer.
- Sélectionner et coller dans l'album de la classe.

Prolongements

Activité manuelle

Réaliser de gros colombins "ondulants" en terre. Après séchage, les peindre et les coller sur un support cartonné.

8. Boucles

Objectif **Apprendre le mouvement tournant enchaîné : avant, arrière.**

Matériel

– 5 cubes de 7 cm d'arête environ,
– 1 cordelette souple (2 m de long),
– 4 feuilles blanches (format raisin),
– 5 carrés de carteline colorée (5 cm d'arête),
– 1 stylo-feutre,
– les fiches graphiques,
– des reproductions d'œuvres d'art : Klee, *Ranke* (1932) ; Delprat, *Anima Sola* ; Miturich, *Mockba* (1922) ; Albers, Umschlungen (1933), *Runde* (1933), *Aussicht* (1933).

Stratégie

1. Motricité : enfermer des cubes

▪ Regrouper la classe autour du tapis et faire asseoir les enfants sur deux niveaux : au bord du tapis, sur les chaises placées autour.

▪ Disposer les cubes en ligne droite sur le tapis à 10 cm d'intervalle. Poser la cordelette à proximité.

▪ Laisser les enfants s'exprimer : Quel matériel ? Pourquoi ?

CONSIGNE : Entourer à l'aide de la cordelette les cinq cubes, l'un après l'autre, pour que chacun soit enfermé dans une maison.

▪ Les premiers essais seront réalisés par des volontaires :

– l'exercice est difficile, la longueur de corde gênante ;

– les enfants ont tendance à déplacer les cubes pour les entourer ;

– les essais des enfants sont toujours intéressants... pas souvent dans la perspective de l'objectif, mais il faut les garder en mémoire pour éventuellement reformuler la consigne.

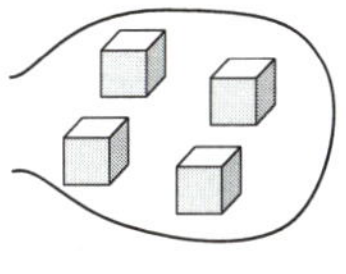

groupement de cubes

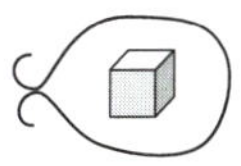

un seul cube entouré

▪ Pratiquer de nouveaux essais. Il faut prendre le temps d'expérimenter et attendre le moment où un enfant va réaliser l'objectif. S'il ne se présente pas, on pourra mettre en valeur certaines solutions des enfants en spécifiant que l'on attend autre chose. Reprendre l'expérience quelques jours plus tard.

- Dès qu'un enfant réalise une fermeture en boucle autour d'un cube, isoler ce cube en ôtant tout ce qui l'entoure. Faire comprendre le mouvement tournant et le pratiquer avec les autres cubes.

2. Activité manuelle : réaliser des boucles.

- Sur une feuille blanche (format raisin) au milieu du tapis, disperser des carrés de carteline colorée.

CONSIGNE : Réaliser une fermeture en boucle à l'aide d'un stylo-feutre autour de chaque carré.

- Pratiquer des essais sur trois autres feuilles.

Fiches graphiques

(Voir en annexe p. 64 les fiches en grand format)

(Voir encart couleur p. I : les réalisations enfantines)

1.

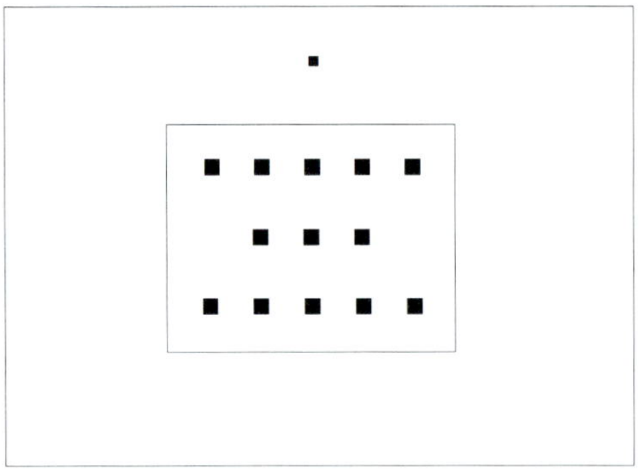

Tracer une ligne bouclée continue autour de chacun des cubes d'une rangée, de la droite vers la gauche.

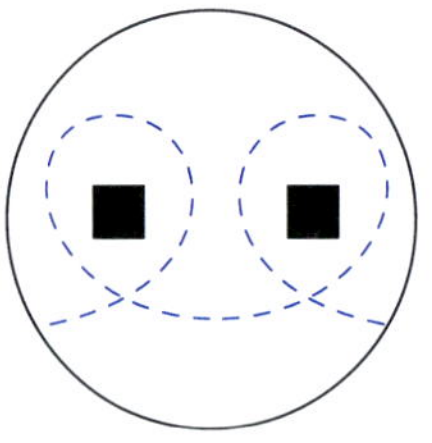

2.

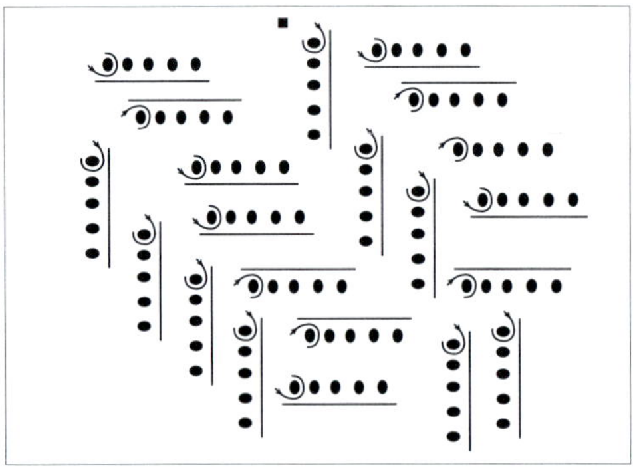

Poursuivre le mouvement fléché : nécessité de dépasser l'obstacle pour l'entourer.

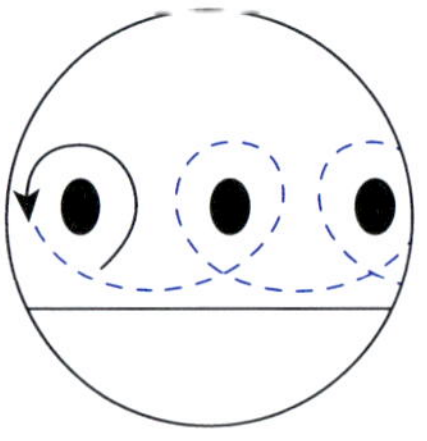

3.

Doubler les lignes bouclées.

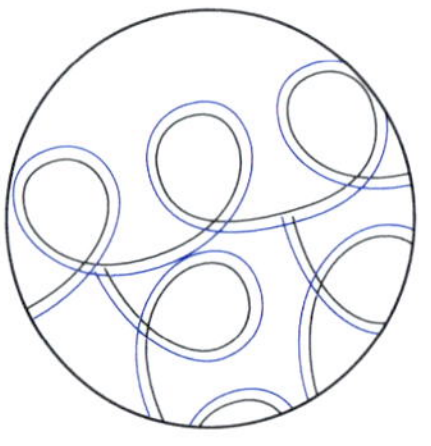

Évaluation

On sera vigilant quant à l'exécution des boucles. L'automatisme se crée très rapidement et devient un jeu.

Les boucles dans les œuvres d'art

- Présenter au groupe-classe les œuvres de Klee, Delprat, Miturich et Albers.
- Laisser les enfants s'exprimer.
- Sélectionner et coller dans l'album de la classe.

Prolongements

1. Éducation motrice

Réaliser des trajets à la craie autour de disques d'isorel de couleur.

2. Expression corporelle

Étudier les mouvements tournants.

9. Pointillés

Le pointillé, très utilisé en décoration, est un rassemblement de points à espaces réguliers. Il est indication linéaire doublant l'utilisation du trait ou expression du volume selon la densité.

Objectif **"Créer" avec des points.**

Matériel

- 4 carrés de terre (10 x 10 cm ; 1 cm d'épaisseur),
- des clous de tapissier,
- 4 plaques de pâte à modeler (même dimension que les carrés de terre) sans formes préconçues,
- des boulons,
- le tableau mural et des craies,
- les fiches graphiques,
- des reproductions d'œuvres d'art : Klee, *Ranke* (1932), *Durch ein Fenster* (1932).

Stratégie

1. Activité manuelle : atelier de terre

- Former un groupe de quatre enfants.
- Organiser un moment de langage sur le matériel proposé.

CONSIGNE : Décorer la plaque de terre en plantant les clous de tapissier assez proches les uns des autres.

2. Activité manuelle : atelier de pâte à modeler

- Former un groupe de quatre enfants.
- Organiser un moment de langage sur le matériel proposé.

CONSIGNE : Décorer la plaque de pâte à modeler en laissant des traces de boulons bien creusées.

En fin d'activité, observer les réalisations diverses. Demander à chacun comment il a procédé.

Fiches graphiques

(voir en annexe p. 64 les fiches en grand format)

(voir encart couleur p. I : les réalisations enfantines)

- Regrouper la classe.
- Observer les réalisations en terre et en pâte à modeler.
- Laisser les enfants s'exprimer sur leurs expériences.
- Noter les différences d'interprétation.
- Comment reproduire les graphismes à l'aide de la craie sur le tableau mural ?

1.

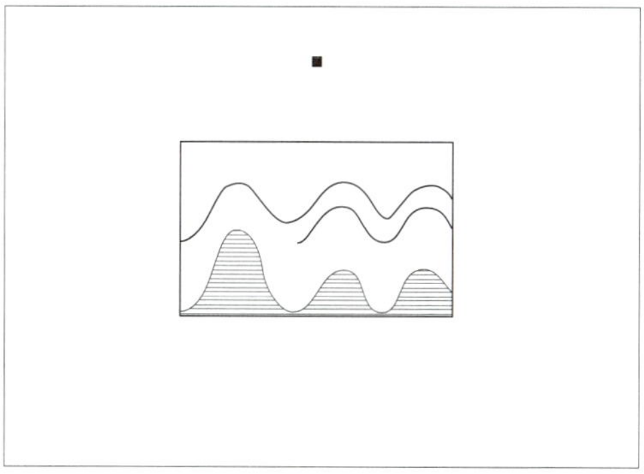

Avec des lignes de points successifs, contourner le volume arrondi situé en bas.

Commencer les rangées à gauche.

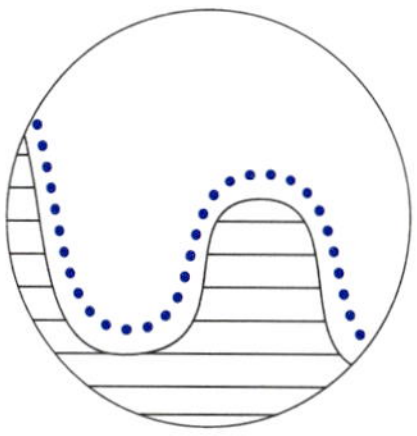

2.

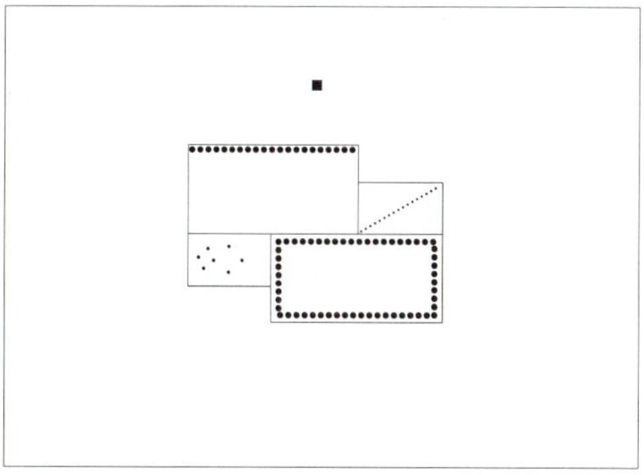

Réaliser selon l'interprétation :
– en haut à gauche : trajet rectiligne (1)
– en haut à droite : trajet en diagonale (2)

– en bas à gauche :
points en ordre dispersé (3)
– en bas à droite :
tourner en suivant les côtés (4)

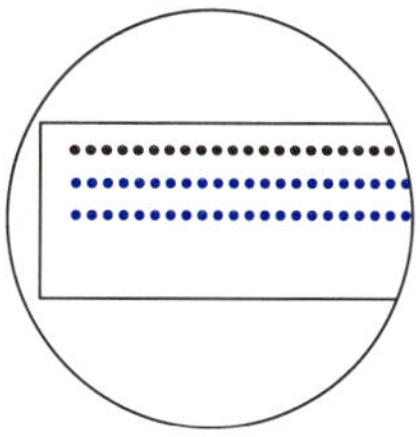

(1)

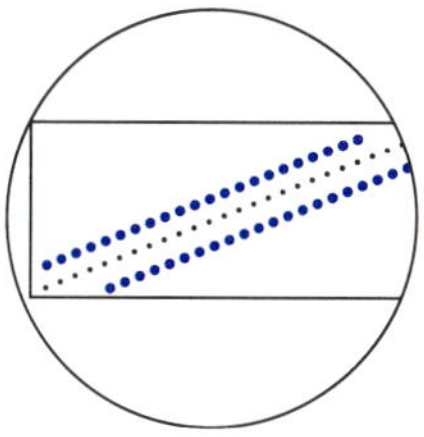

(2)

(3)

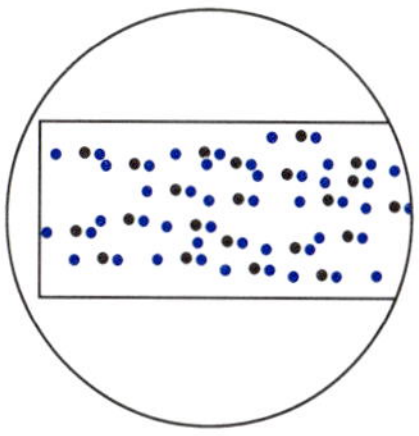

(4)

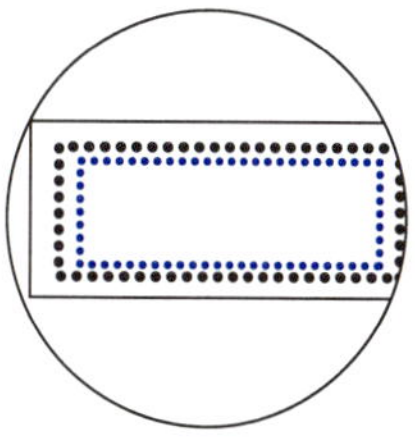

Évaluation

▪ Quatre exploitations différentes sont possibles dans l'utilisation des clous tapissiers :

– linéaire en suivant un côté ;

– linéaire en suivant quatre côtés ;

– linéaire en diagonales ;

– en ordre dispersé.

▪ Les exploitations sont moins nombreuses sur la pâte à modeler.

▪ Les fiches sont en petit format ; le terrain d'expérimentation doit être très restreint étant donné la concentration de points demandée.

Le pointillé dans les œuvres d'art

▪ Présenter au groupe-classe les reproductions de Klee. Le pontillisme regorge d'œuvres de toutes sortes reproduites sur cartes postales utilisables en classe.

▪ Laisser les enfants s'exprimer.

▪ Sélectionner et coller dans l'album de la classe.

Prolongements

1. En atelier-terre :

Réaliser une plaque à partir d'une boule aplatie à la main et au poing.

Exécuter parallèlement de petites boules et les disposer suivant un tracé désiré.

2. En atelier-peinture au coton-tige

Sur de petites formes de papier Canson, peindre des "points" au coton-tige, du pourtour vers l'intérieur, en changeant de couleur à chaque rangée.

10. Spirales

Objectif **Découvrir la ligne courbe tournant autour d'un point central et dont les volutes s'élargissent sans cesse aux dimensions de l'infini.**

Matériel

- des bandes découpées dans du papier Canson (1 x 20 cm),
- des ardoises, des craies,
- le tableau mural bas,
- les fiches graphiques,
- des reproductions d'œuvres d'art : Calder, *Le Clown* ; Albers, *Treble Clef.*

Stratégie

1. Activité manuelle : création de spirales

- Former un groupe de six enfants.

CONSIGNE :

- Saisir la bande de papier Canson par une extrémité et la rouler assez serrée sur elle-même jusqu'à l'autre extrémité. Lorsque l'enroulement est terminé, lâcher le tout.
- Poser la bande roulée côté profil à plat sur la table.
- Suivre la courbe obtenue avec l'index.
- Reproduire le mouvement sur une ardoise en utilisant une craie.
- Nommer les réalisations : des spirales.

2. Activité manuelle : graphismes en spirales

- Regrouper la classe et l'informer sur l'atelier précédent.
- Observer les spirales réalisées en papier et à la craie et analyser les différentes étapes des réalisations.

– 1. bande plate
– 2. enroulement serré
– 3. déroulement
– 4. étude du profil

Tracer de nombreuses spirales sur le tableau mural.

Fiches graphiques

(voir en annexe p. 64 les fiches en grand format)

(voir encart couleur p. I : les réalisations enfantines)

1.

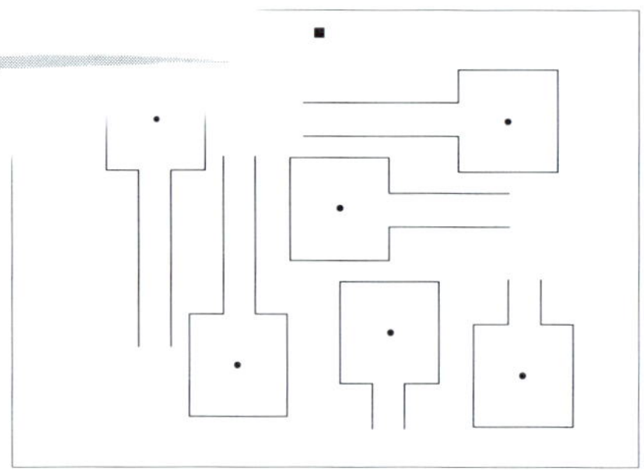

Partir du point central pour exécuter une spirale dont l'extrémité s'échappe en liberté.

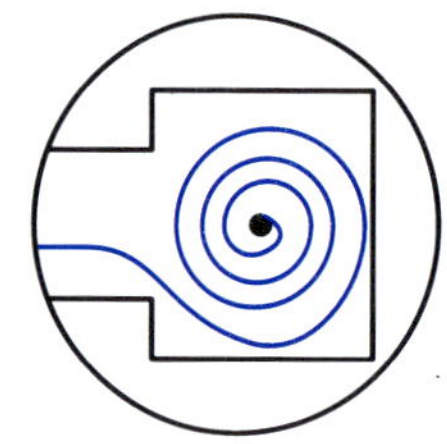

2.

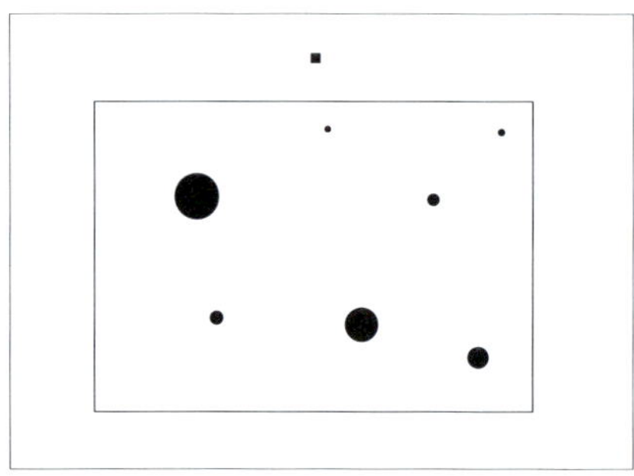

Réaliser des spirales en partant des points.

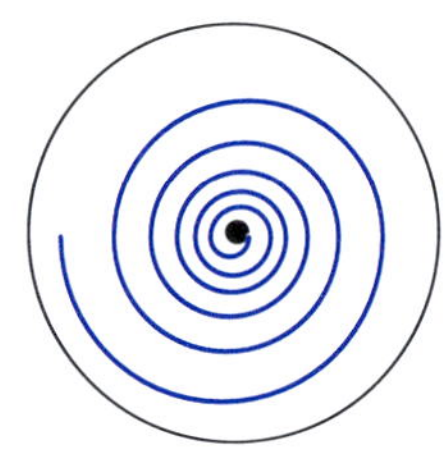

3.

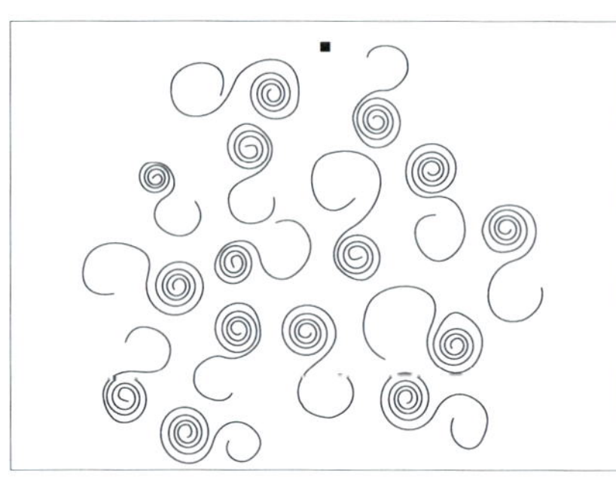

Réaliser les spirales de l'extérieur vers l'intérieur.

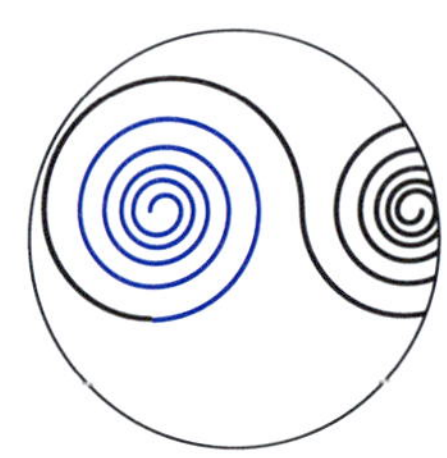

Évaluation

Le mouvement tournant est très naturel. Il n'y a pas de difficultés dans les différentes réalisations.

La spirale dans les œuvres d'art

- Présenter au groupe-classe les reproductions de Calder et d'Albers. La spirale est très prisée des sculpteurs ainsi que des graphistes et des peintres : observer plusieurs "spécimens".
- Sélectionner et coller dans l'album de la classe.
- Valoriser les documents "extérieurs" – livres, extraits de journaux – en les affichant momentanément dans la classe.

Prolongements

Activité manuelle : Découper des spirales dessinées sur des carrés de papier Canson (10 x 10 cm). Dérouler et coller sur des supports verticaux.

11. Lignes arrondies ouvertes courbes artistiques

Très utilisée dans notre système écrit, cette ligne artistique n'est pas d'une exécution simple, c'est le cercle sans son complément. Composante bien visible de la lettre *c*, elle l'est aussi dans les lettres telles que *a, d, g, o, q, x*.

Objectif

Favoriser l'exécution du mouvement par une approche "tactile" qui se révèle "esthétique".

Matériel

- des carrés de papier Canson noir (10 x 10 cm) avec un index blanc et une pastille adhésive de couleur,
- du sable,
- de la colle blanche vinylique en petit flacon distributeur,
- des ardoises et des craies,
- le tableau mural,
- les fiches graphiques,
- des reproductions d'œuvres d'art : Delaunay, *L'Œil* (1974) ; les œuvres de Zdanevich de 1918 à 1917 ; Kandinsky, *Rightside of the door* (1922).

Stratégie

Activité manuelle : traces de sable

Première étape

- Former un groupe de huit enfants.
- Présenter le carré de Canson noir sur lequel est collé l'index blanc.

CONSIGNE :

- Placer la feuille devant soi avec la pastille de couleur en haut (l'index se trouve ainsi à droite : voir rubrique Matériel).
- Prendre le flacon distributeur de colle et disposer, en partant du haut, une ligne de colle en suivant les contours de l'index.

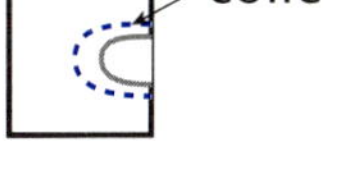

Ce mouvement est intéressant. Il est exécuté à main levée et demande une certaine concentration sur la pression des doigts sur le flacon et sur la répartition de la colle.

- Saupoudrer de sable l'enduit collant (en déposer suffisamment) puis secouer le carton afin d'éliminer l'excédent.

La première trace apparaît.

- Exécuter de la même manière une ou deux autres traces en respectant le sens du travail.
- Lorsque le collage est terminé, prendre les ardoises et les craies pour tracer des lignes arrondies.

Deuxième étape

- Regrouper la classe et l'informer sur la séquence précédente.
- Analyser le déroulement de l'activité manuelle et observer les productions.
- Exécuter quelques mouvements de bras et quelques courbes sur le tableau mural.

Fiches graphiques

(voir en annexe p. 64 les fiches en grand format)

(voir encart couleur p. I : les réalisations enfantines)

1.

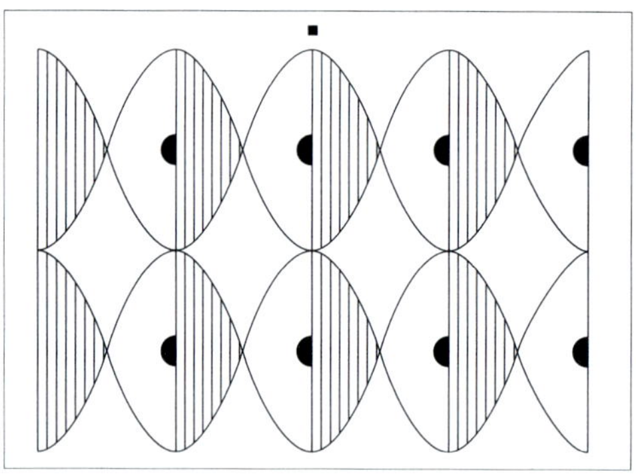

Contourner les index de haut en bas.

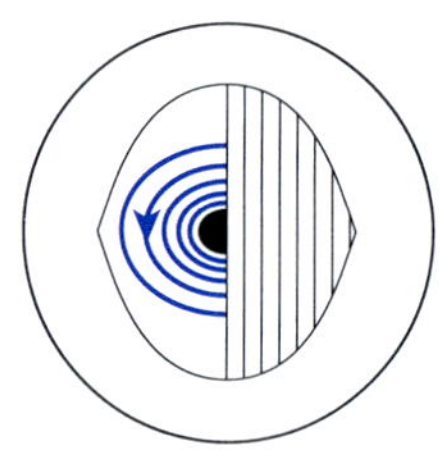

2.

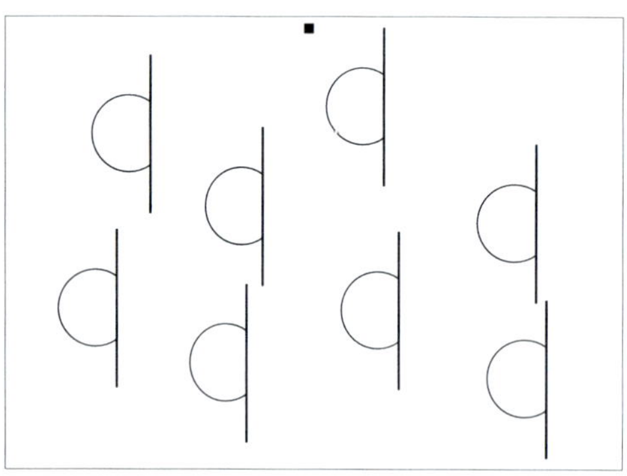

Contourner les index de haut en bas avec de gros feutres (tracé extérieur)

Utiliser des feutres fins pour un tracé intérieur.

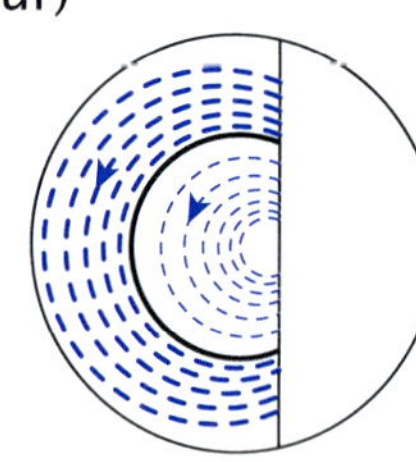

3.

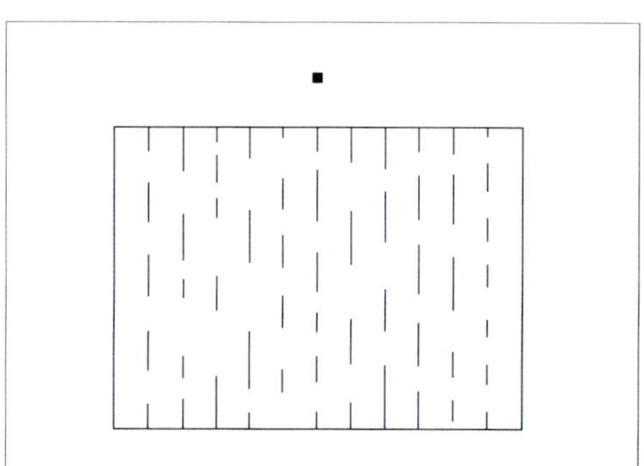

Tracer des lignes arrondies pour relier les traits verticaux en partant du haut et en allant vers la gauche.

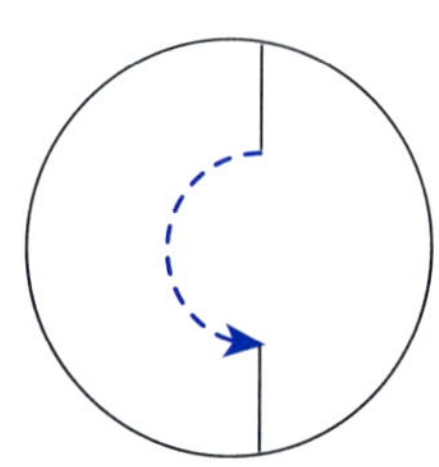

4.

Tracer des lignes courbes en suivant le contour et en commençant par le haut.

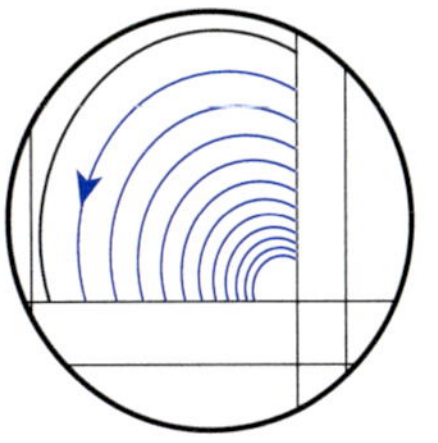

Évaluation

De nombreux enfants utilisent la feuille dans le sens qui leur convient. Veiller à la position du repère... L'éducation du geste passe par une certaine rigueur d'exécution.

La courbe artistique dans les œuvres d'art

- Présenter au groupe-classe les reproductions de Delaunay, Zdanevich, Kandinsky.
- Les enfants répartissent les reproductions suivant leur goût, près des reprofiches concernées.

12. Lignes arrondies fermées : cercles

Objectif **Découvrir le cercle, composante de la lettre *o* et de nombreuses autres lettres.**

Matériel

- 8 carrés de papier Canson (10 x 10 cm) en deux couleurs, sur lesquels on aura dessiné un cercle,
- 8 clous,
- des essuie-tout,
- de la peinture : deux couleurs identiques à celles du papier Canson,
- un support de papier Canson (45 x 25 cm),
- les fiches graphiques,
- des reproductions d'œuvres d'art : Calder, *Le Clown* (1973) ; Kandinsky, *Swinging* (1925), *La Grande Tour de Kiev* (1928).

Stratégie

Activité manuelle : des carrés pour un cercle

Première étape

- Former un groupe de huit enfants.
- Il s'agit de transformer un ensemble visuel de carrés en jouant sur deux couleurs.
- La technique de découpage utilisée est le piquage, afin d'extraire un élément sans altérer le reste.
- Distribuer en nombre égal quatre carrés rouges et quatre carrés bleus.
- Disposer en dessous de chacun des carrés plusieurs essuie-tout.

CONSIGNE :

- Prendre un clou et percer la ligne courbe fermée représentée sur chacun des carrés en commençant par le haut de la feuille et en allant vers la gauche. Exécuter un piquage serré.
- Extraire le rond et tracer sur celui-ci des cercles concentriques avec la peinture de couleur opposée à celle du papier. Respecter le sens (haut, gauche, bas, droite) et fermer la ligne. Échanger les surfaces entourant les ronds pour créer un ensemble bicolore.
- Après séchage, coller plusieurs réalisations sur un même support.

Deuxième étape

- Regrouper la classe et l'informer sur la séquence précédente. Analyser le déroulement de l'activité et le matériel utilisé.
- Observer les carrés à l'état brut et après transformation.
- Observer les "ronds".

Exécuter le mouvement avec son bras levé.

Fiches graphiques

(voir en annexe p. 64 les fiches en grand format)
(voir encart couleur p. I : les réalisations enfantines)

1.

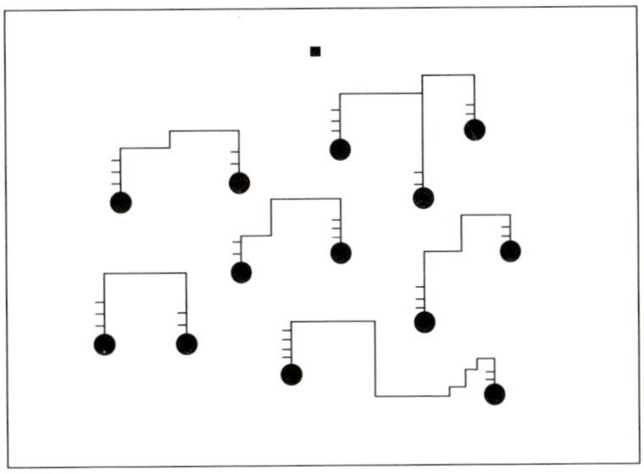

- Exécuter des cercles à partir des repères en se dirigeant vers la gauche et en contournant la boule.
- Autant de lignes que de repères.

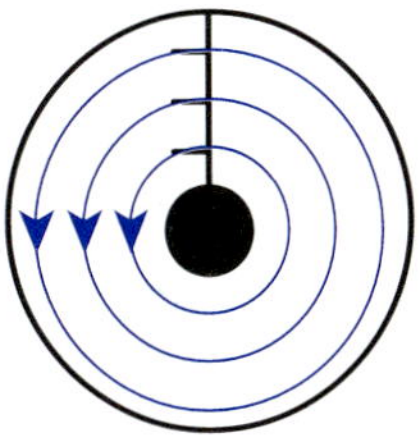

2.

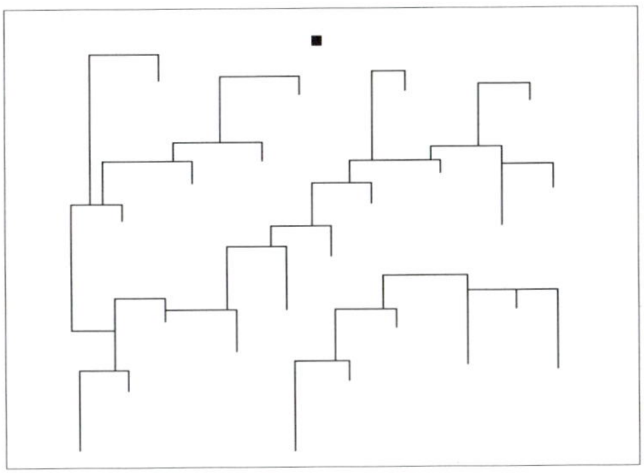

Tracer des cercles au bout de chaque ligne.

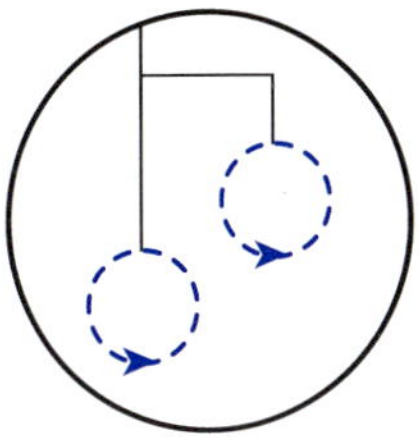

3.

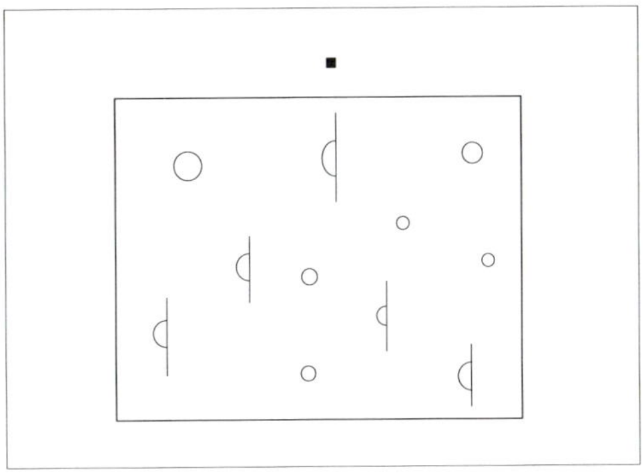

Tracer des cercles ou des demi-cercles selon le graphisme rencontré.

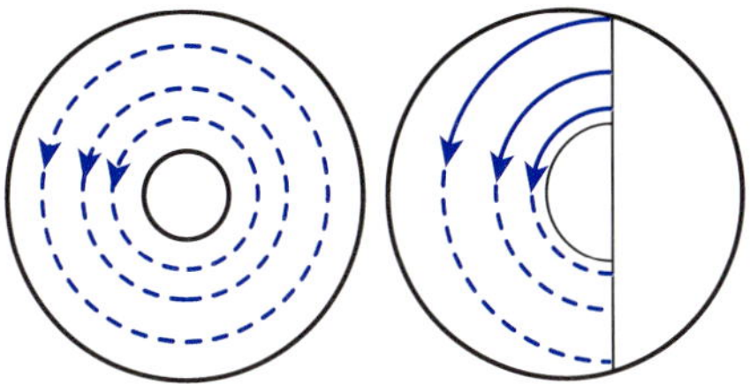

4. 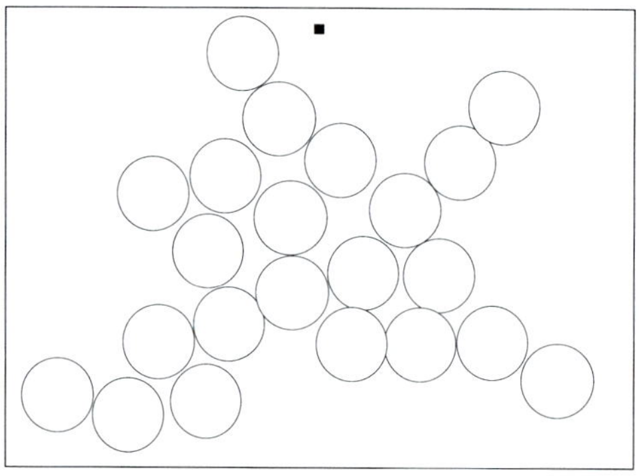

Exécuter un noyau central à l'intérieur de chacun des cercles et tracer des lignes arrondies fermées autour de celui-ci ;

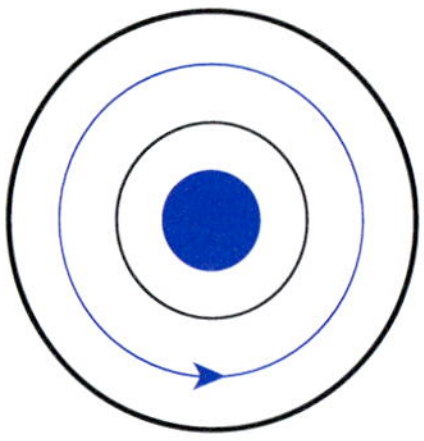

ou colorier entièrement certains ronds et exécuter des cercles à l'intérieur des autres ;

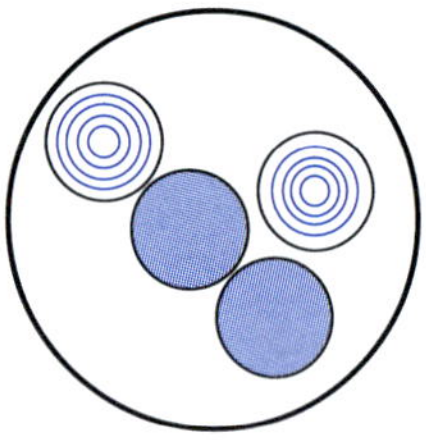

ou réaliser une, deux ou trois lignes intérieures selon les cercles ;

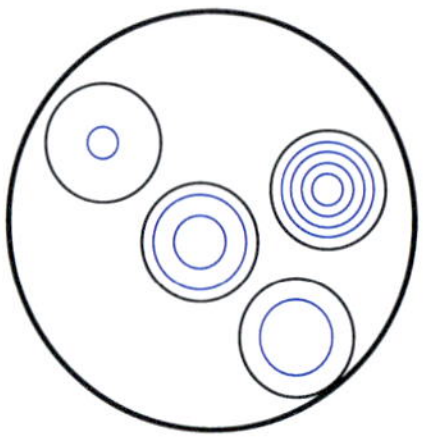

ou réaliser le même graphisme pour tous les cercles.

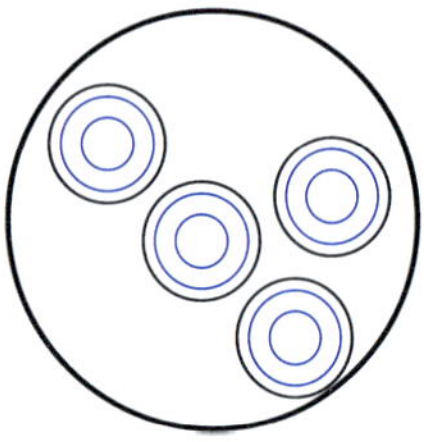

Évaluation

Ces exercices sont à reprendre régulièrement, l'enfant devant s'habituer à tracer le cercle de cette façon.

Le cercle dans les œuvres d'art

- Présenter au groupe-classe les reproductions de Calder et de Kandinsky.
- Laisser les enfants s'exprimer. Intervenir le moins possible.
- Sélectionner et coller dans l'album de la classe. Prévoir des emplacements pour la documentation provenant de l'extérieur (famille, amis).

Prolongements

Activité manuelle

Peindre diverses formes rondes sur des carreaux de faïence. Varier les décors. Les grouper par quatre sur des supports en bois.

13. Lignes brisées en angle aigu

Objectif

Réaliser des tracés inclinés ascendants et descendants, très proches les uns des autres.

Matériel

- des bandes de papier Canson de couleur (1,5 x 20 cm),
- des ardoises et des craies,
- le tableau mural ou une grande feuille,
- des stylos-feutres,
- les fiches graphiques,
- des reproductions d'œuvres d'art : Albers, *Steps* ; Kandinsky, *Komposition*.

Stratégie

Activité manuelle : pliage

▪ Former un groupe de six enfants.

Première étape

CONSIGNE :

▪ Prendre une bande de papier Canson de la couleur désirée et effectuer un pliage en "accordéon" :

– saisir la bande et plier un des côtés (fig. 1) ;

– marquer le pli avec un doigt ;

– faire pivoter la bande sur elle-même (le pli est caché en dessous) ;

– plier à nouveau et marquer le pli ;

– poursuivre l'opération ;

– lorsque la bande est entièrement pliée, la saisir par un côté pour "ouvrir" les plis.

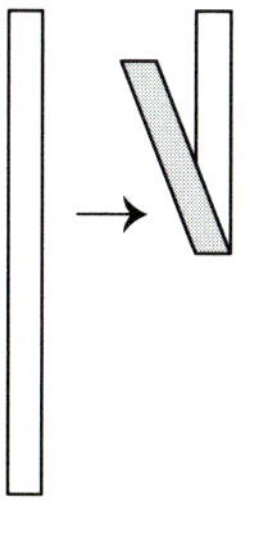

Fig. 1

▪ Observer le profil de la bande pliée posée sur la table.

▪ Tracer ce profil sur l'ardoise.

▪ Laisser les enfants s'exprimer sur les différentes réalisations du groupe (sur papier et ardoise). On observe différents sens.

- Nommer ces lignes : ce sont des lignes brisées.
- Trouver des lignes brisées autour de soi.

Deuxième étape

- Regrouper la classe et l'informer sur la séquence précédente.
- Observer les réalisations et les graphismes sur ardoise. Utiliser l'appellation "ligne brisée", la notion d'angle et d'angle **aigu**.
- Tracer sur le tableau mural des lignes brisées : angles aigus.

Fiches graphiques

(voir en annexe p. 64 les fiches en grand format)

(voir encart couleur p. I : les réalisations enfantines)

1.

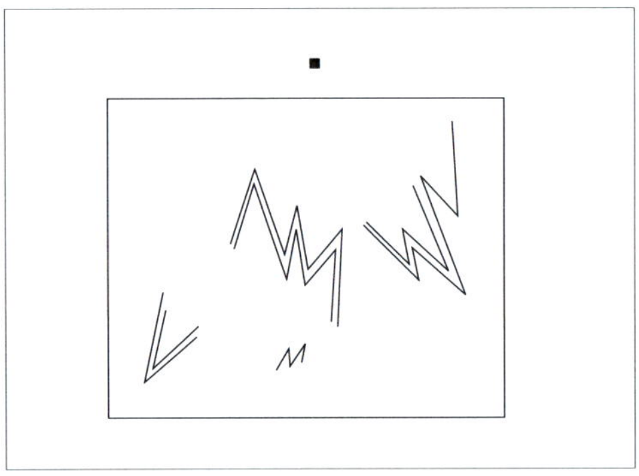

Tracer des lignes brisées : angles aigus.

2.

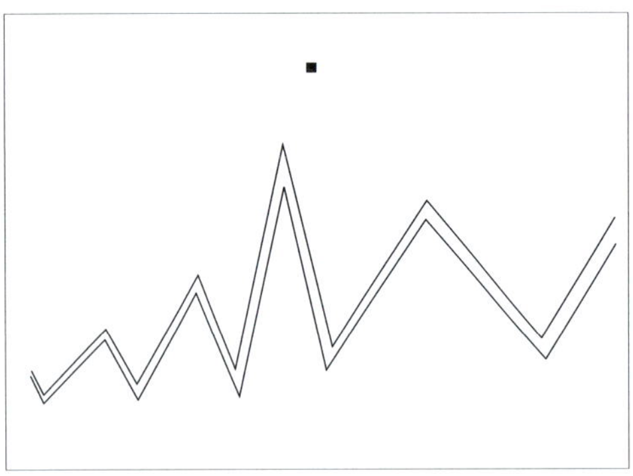

Exécuter de nombreuses lignes brisées au-dessous de celles qui sont déjà tracées.

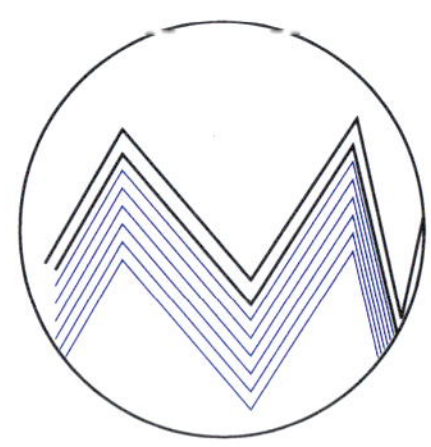

3.

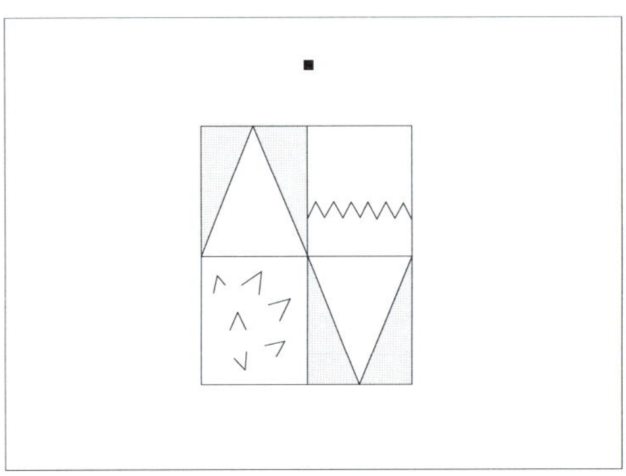

Exécuter des angles de grandeur décroissante.

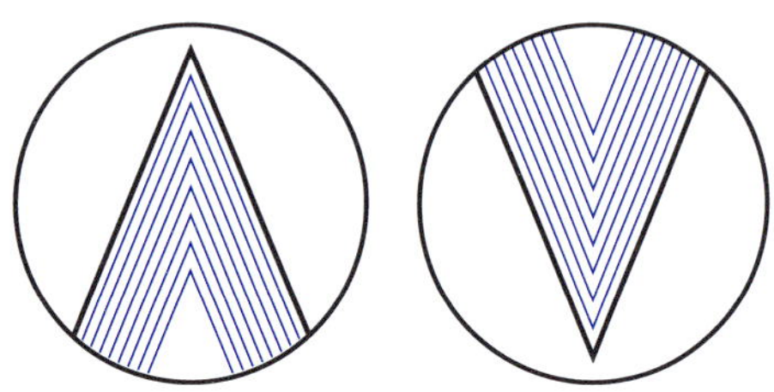

Reproduire la ligne brisée au-dessus et au-dessous de celle qui est déjà tracée.

Tracer des angles en liberté.

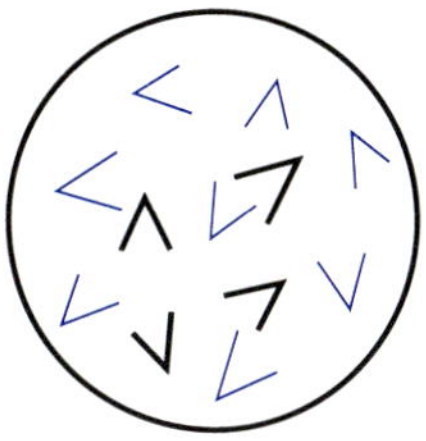

Évaluation

L'angle est très difficile à réaliser par un enfant de cet âge qui transforme la ligne brisée en ligne courbe.

La ligne brisée en angle aigu dans les œuvres d'art

- Présenter au groupe-classe les reproductions d'Albers et de Kandinsky.
- Chercher les lignes brisées : angles aigus.
- Sélectionner et coller dans l'album de la classe.

Prolongements

Activité manuelle : pliage, collage

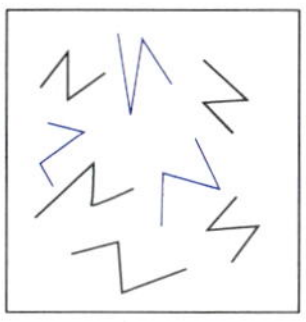

Avec des bandes de 1,5 x 15 cm, des carrés de Canson de 20 x 20 cm et de la colle.

Plier les bandes en trois et les coller sur le carré de Canson (côté profil). Jouer sur deux couleurs.

14. Lignes brisées en angle droit

Objectif **Obtenir des lignes brisées en angle droit.**

Matériel

- un sol carrelé ou un grand tapis quadrillé formant des cases carrées ou rectangulaires de différentes dimensions,
- des craies de couleurs variées,
- des petites voitures,
- 30 feuilles de Canson blanc format raisin,
- de gros stylos-feutres,
- quelques équerres,
- 1 grande feuille de papier Canson blanc réalisée avec quatre feuilles format raisin,
- quelques feuilles de papier calque quadrillé,
- les fiches graphiques,
- des reproductions d'œuvres d'art : Albers, *Graphic Tectonic Sanctuary* (1942), *Graphic Tectonic Seclusion B1* (1942) ; Mondrian, *New York City* (1942).

Stratégie

1. Motricité : parcours à angles droits

▪ Regrouper la classe dans le préau et former un groupe de six enfants pour l'activité, les autres étant spectateurs.

▪ Les enfants sont assis à un mètre environ d'un grand rectangle tracé au sol et à l'extérieur duquel sont placées six voitures (deux sur chacune des longueurs, une sur chacune des largeurs).

CONSIGNE : Faire circuler les voitures à l'intérieur de l'espace rectangulaire :
- créer des routes à partir des lignes visibles des jointures de carreaux ;
- changer fréquemment de direction ;
- traverser l'espace d'un côté à l'autre.

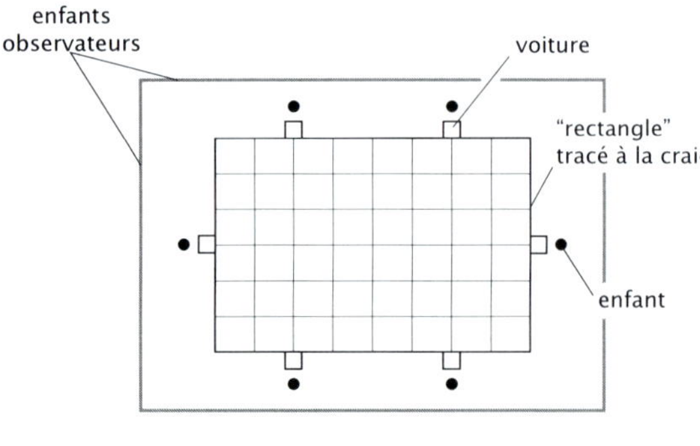

Les six enfants concernés sont au bord du rectangle derrière les voitures ; les autres, observateurs, signalent toute erreur d'interprétation de la consigne.

▪ Distribuer des craies de couleurs différentes.

- Les enfants rangent la voiture dans leur poche et tracent le parcours.
- Lorsque les graphismes sont réalisés, les voitures peuvent rouler.
- Les "observateurs" prennent une feuille de Canson format raisin et tracent au feutre des routes comme au sol.

2. Activité manuelle : tracé d'un parcours à angles droits

- Laisser le groupe-classe s'exprimer sur l'expérience vécue en motricité. Retrouver les exigences de la consigne.
- Placer sur le tableau vertical une grande feuille couverte de tracés rectilignes qui se coupent en formant des angles à 90°.

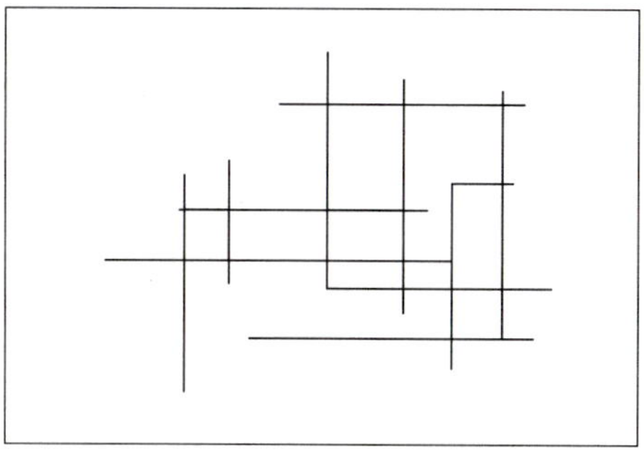

CONSIGNE :

Tracer des routes en circulant sur les traits et en changeant de direction.

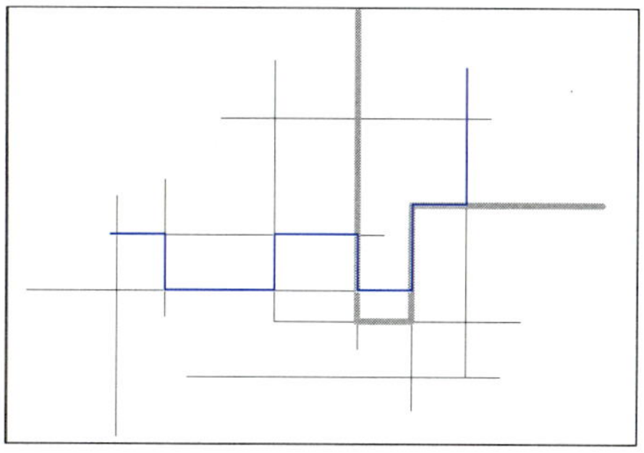

- Comparer ces parcours avec ceux de la première expérience sur feuilles sans pré-tracés. Les graphismes sont différents.
- Expliquer alors, en se servant d'une équerre, la différence entre un angle aigu et un angle droit.

Faire de nombreuses démonstrations en effectuant des vérifications sur des tracés réalisés au cours de la séquence : ligne brisée en angle aigu.

Suivre le tracé initial permet la réalisation de lignes brisées en angle droit sans utiliser l'équerre...

Fiches graphiques

(voir en annexe p. 64 les fiches en grand format)

(voir encart couleur p. I : les réalisations enfantines)

1.

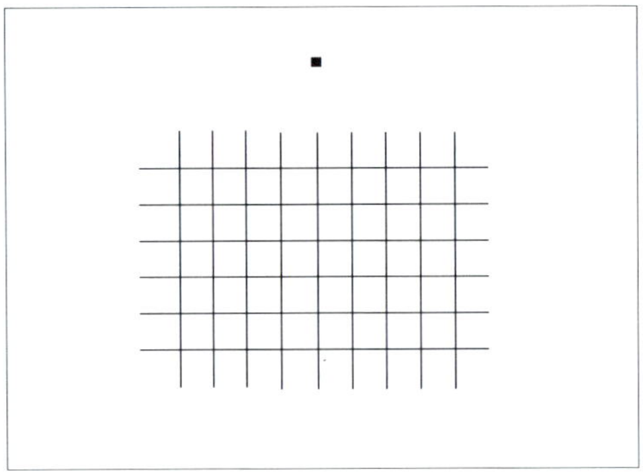

Entrer et sortir dans la grille en suivant le tracé initial. Changer de sens assez souvent.

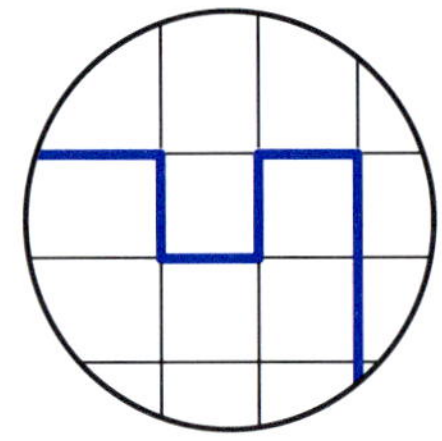

2.

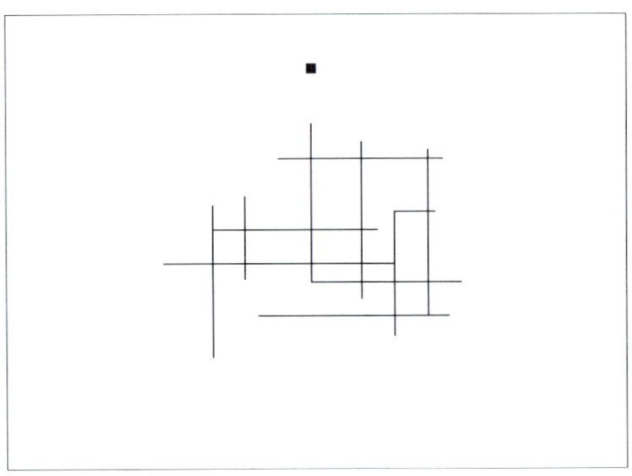

Réaliser des lignes brisées à angle droit.

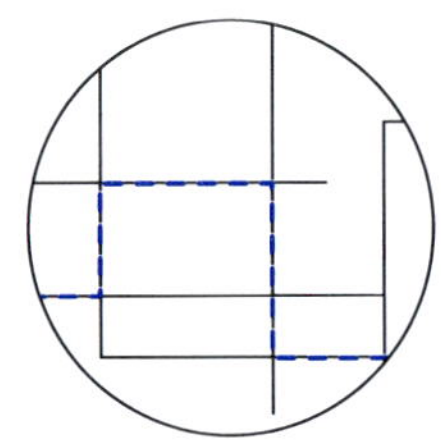

3.

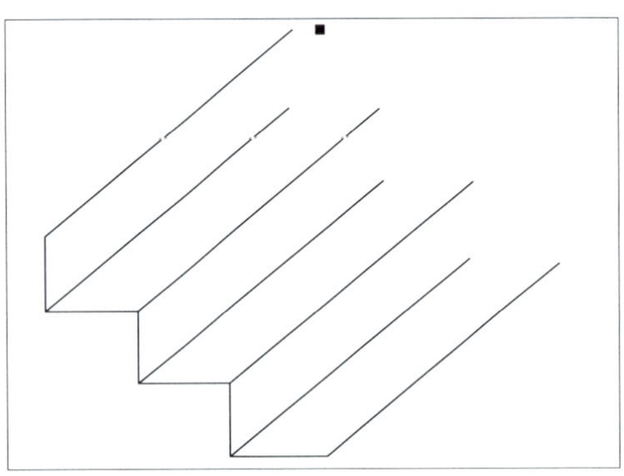

Exécuter des lignes brisées à angle droit en suivant le tracé du bas. Commencer les lignes à gauche.

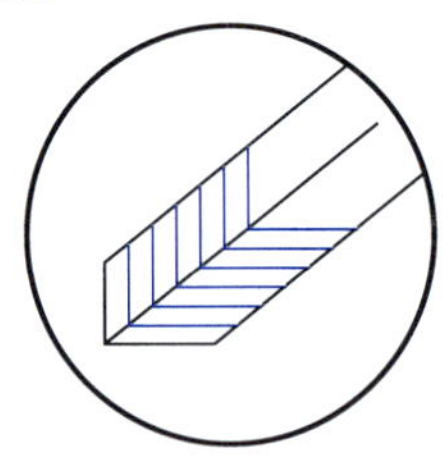

4.

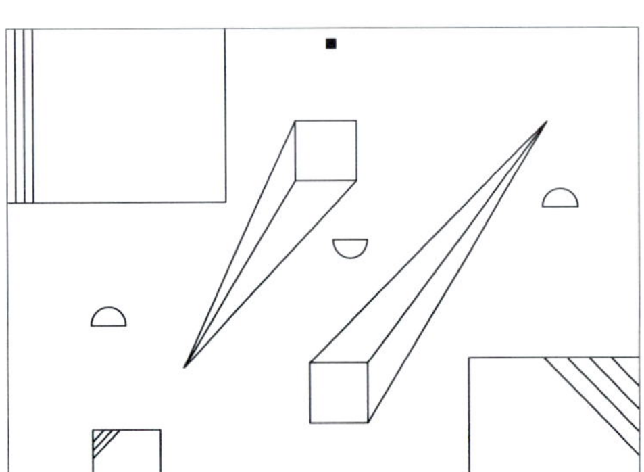

Regroupement de plusieurs séquences :
- lignes verticales,
- lignes obliques,
- courbes "ponts",
- courbes "creux",
- création d'autres formes
- lignes en angle droit.

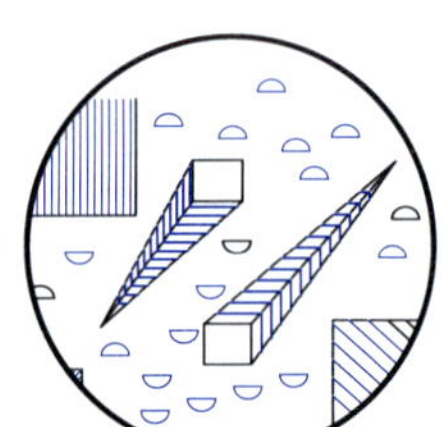

Évaluation

La réalisation de parcours sur lignes est assez difficile.

Si, quelquefois, la consigne n'est pas respectée, l'esthétique graphique peut cependant surprendre !... Certaines idées sont à retenir pour une exploitation future.

La ligne brisée en angle droit dans les œuvres d'art

- Présenter au groupe-classe les reproductions d'Albers et de Mondrian. Ces reproductions sont faites de lignes formant des angles droits.
- Vérifier les angles droits à l'aide de papiers calques quadrillés et d'équerres.
- Laisser les reproductions et les matériaux de contrôle à portée des enfants pendant quelques jours (atelier pour trois ou quatre enfants).
- Sélectionner et coller dans l'album de la classe.

Prolongements

1. Activité motrice : parcours musical

- Parcours chanté : les enfants changent de sens à chaque silence.
- Même exercice avec un instrument.
- Avec des enfants plus grands, demander d'aller à droite ou à gauche.

2. Activité manuelle

Utiliser l'équerre.

IV. Annexe

Fiches graphiques en grand format

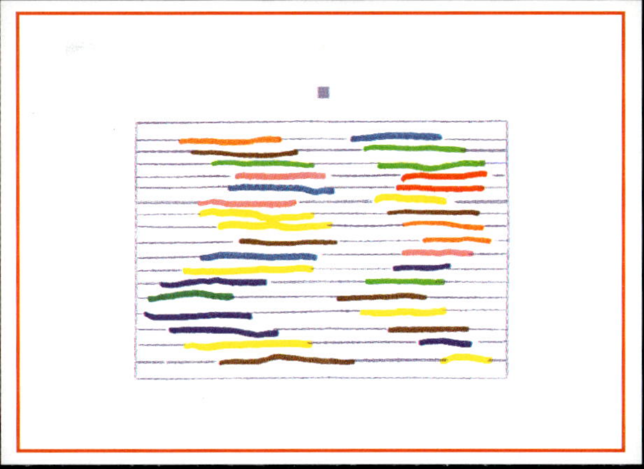

1. Lignes horizontales – fiche n° **1**

1. Lignes horizontales – fiche n° **2**

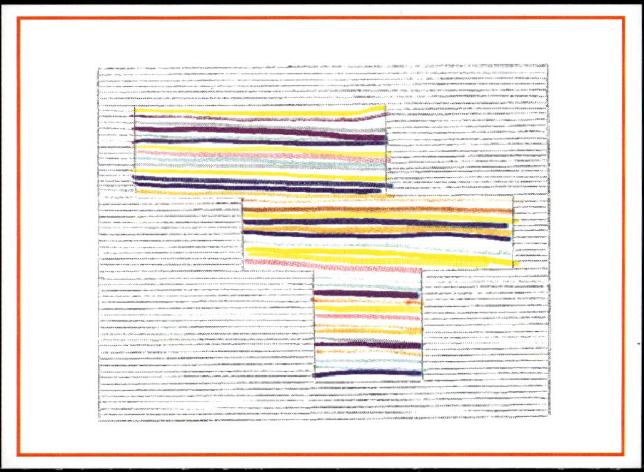

1. Lignes horizontales – fiche n° **3**

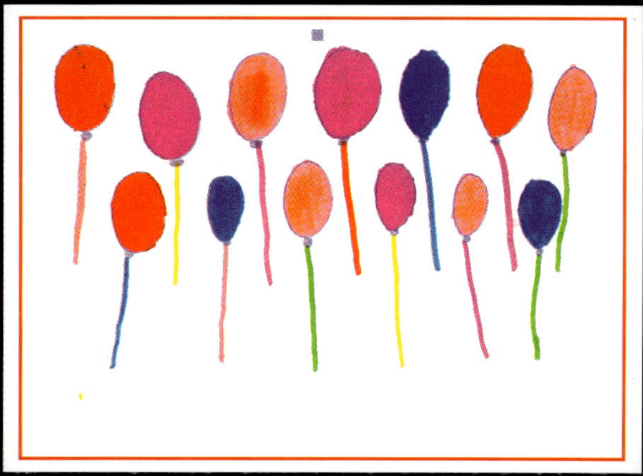

2. Lignes verticales – fiche n° **1**

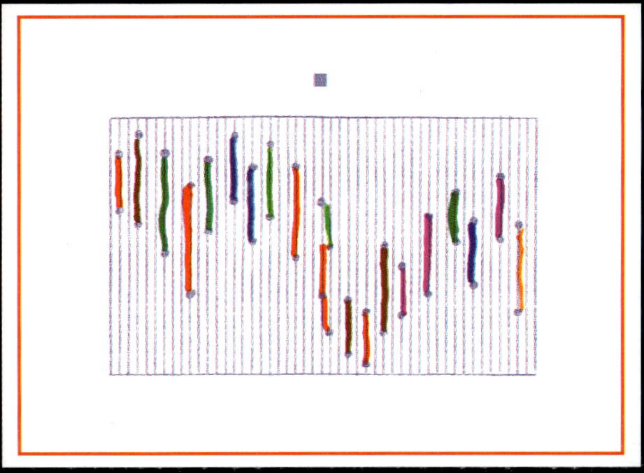

2. Lignes verticales – fiche n° **2**

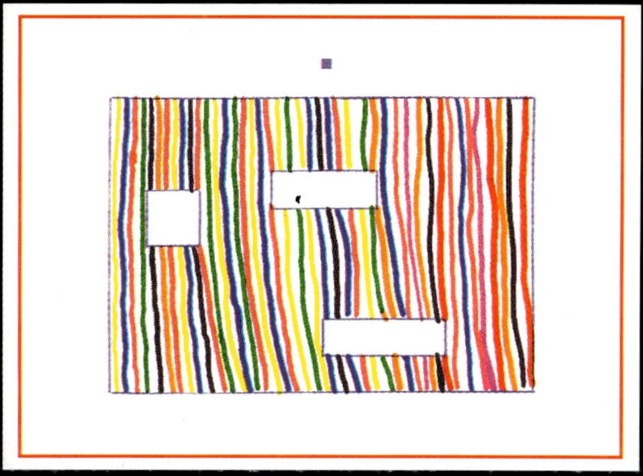

2. Lignes verticales – fiche n° **3**

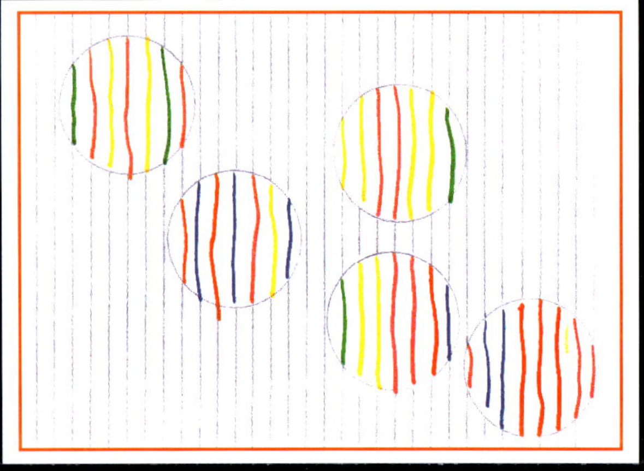

2. Lignes verticales – fiche n°**4**

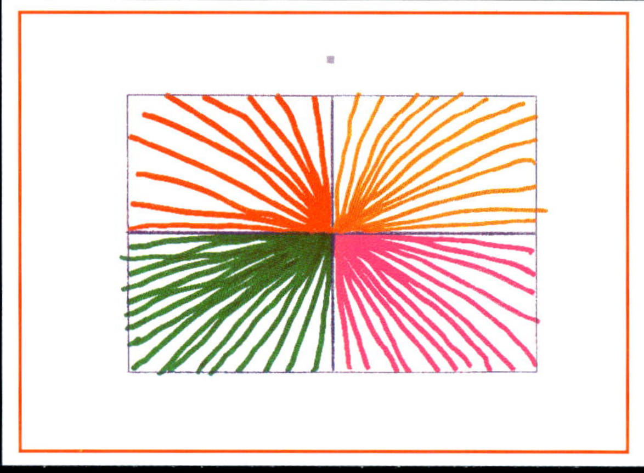

3. Lignes obliques – fiche n° **1**

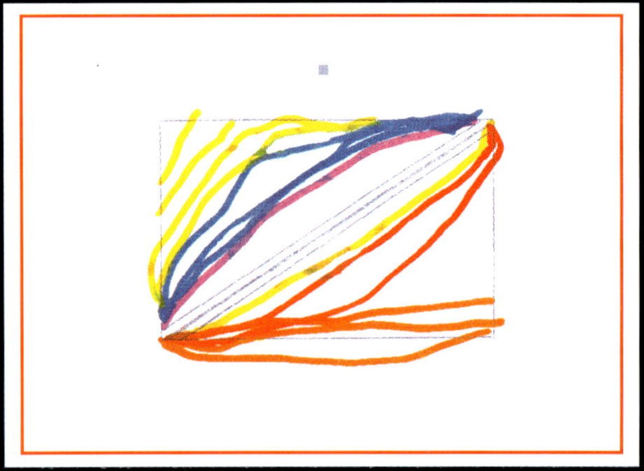

3. Lignes obliques – fiche n° **2**

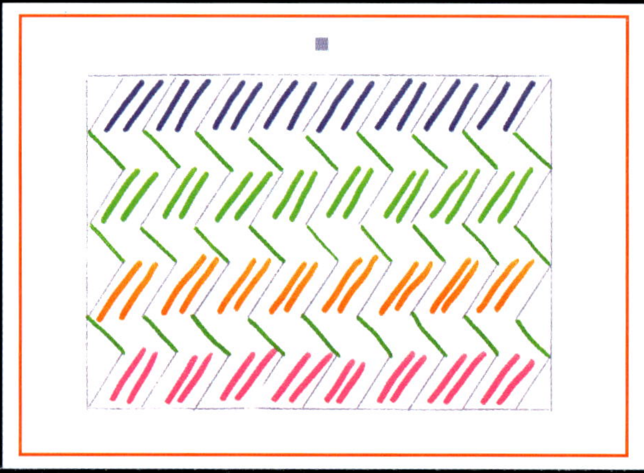

3. Lignes obliques – fiche n° **3**

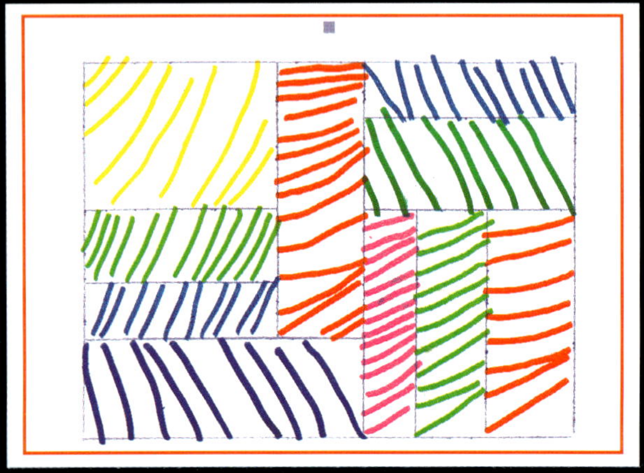

3. Lignes obliques – fiche n° **4**

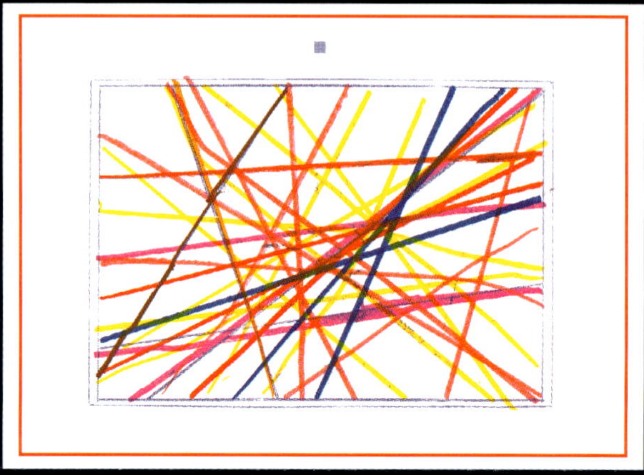

4. Fantaisies linéaires à la règle – fiche n° **1**

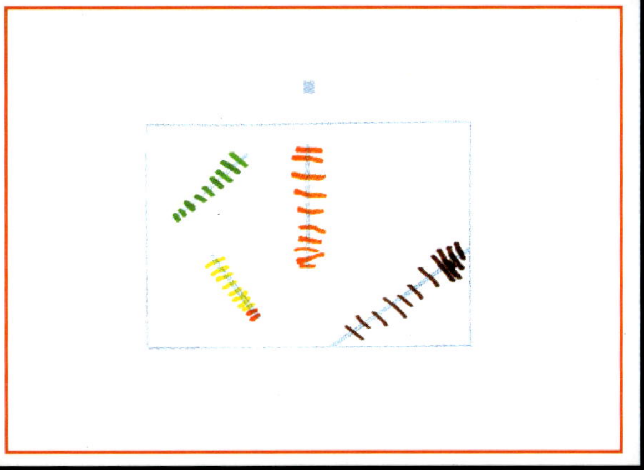

4. Fantaisies linéaires à la règle – fiche n° **2**

5. Courbes "Pont-Arcade" – fiche n° **1**

5. Courbes "Pont-Arcade" – fiche n° **2**

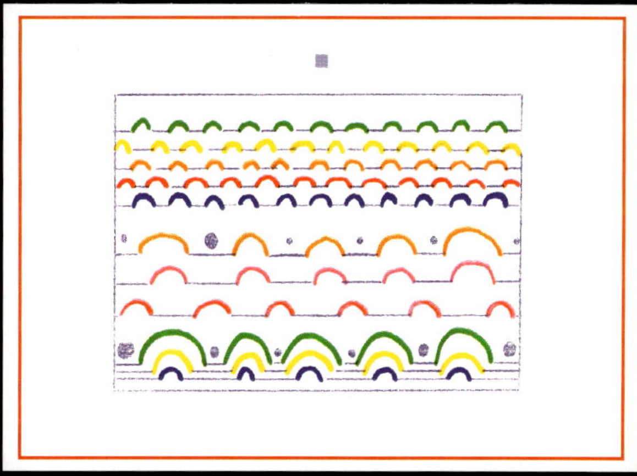

5. Courbes "Pont-Arcade" – fiche n° **3**

5. Courbes "Pont-Arcade" – fiche n° **4**

6. Courbes "Creux" – fiche n° **1**

6. Courbes "Creux" – fiche n° **2**

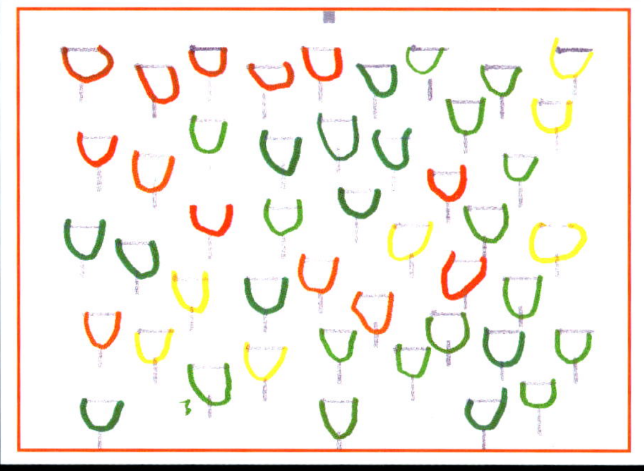

6. Courbes "Creux" – fiche n° **3**

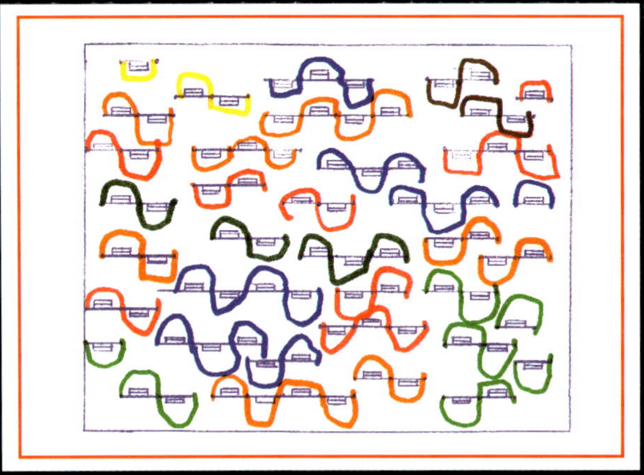

6. Courbes "Creux" – fiche n° **4**

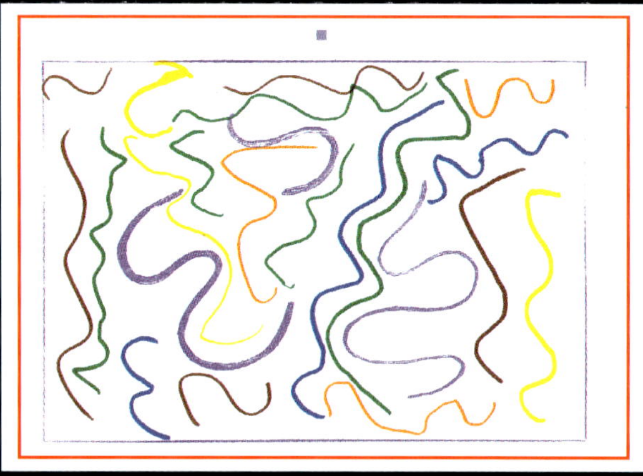

7. Lignes ondulantes – fiche n° **1**

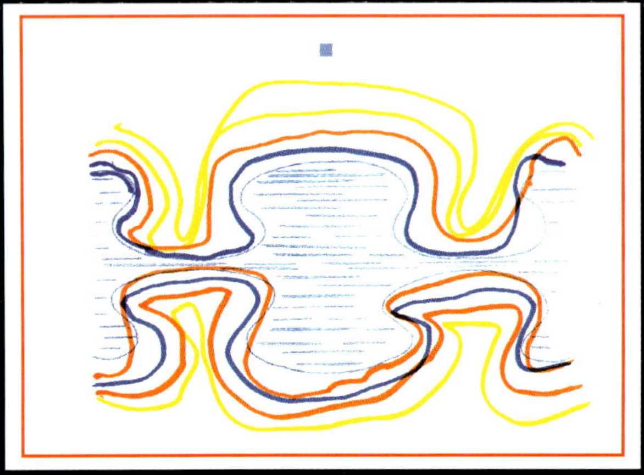

7. Lignes ondulantes – fiche n° **2**

7. Lignes ondulantes – fiche n° **3**

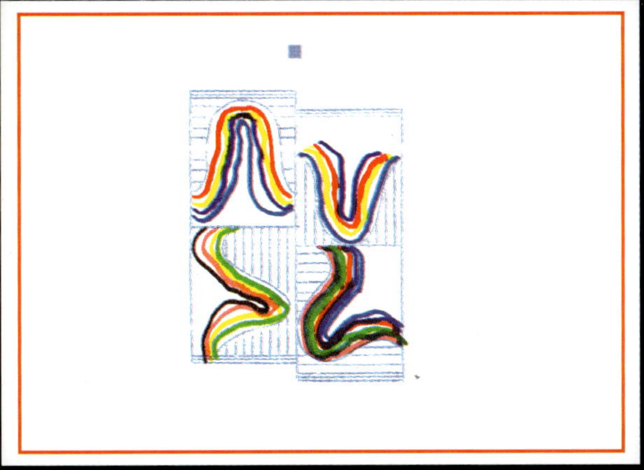

7. Lignes ondulantes – fiche n° **4**

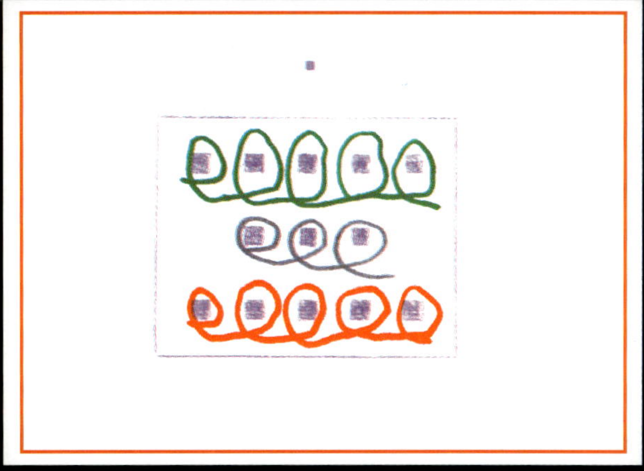

8. Boucles – fiche n° **1**

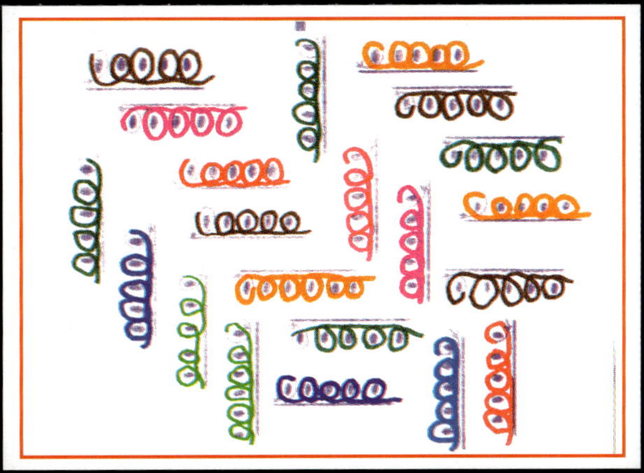

8. Boucles – fiche n° **2**

8. Boucles – fiche n° **3**

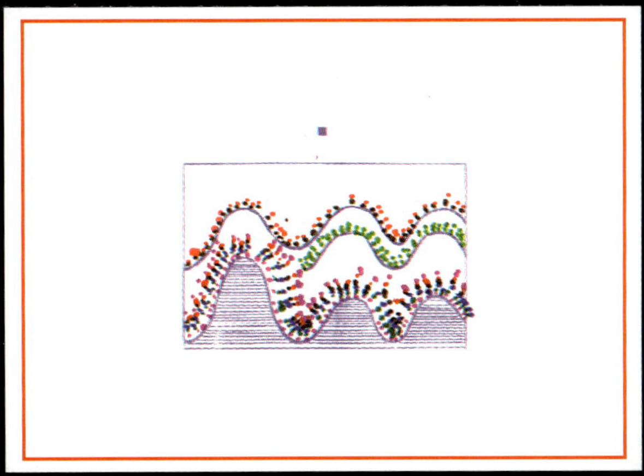

9. Pointillés – fiche n° **1**

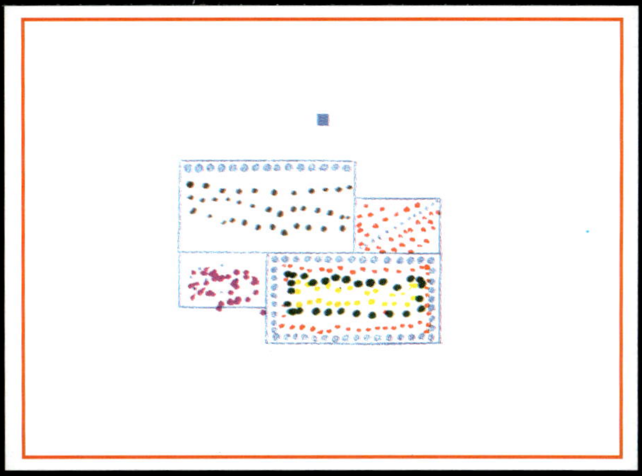

9. Pointillés – fiche n° **2**

10. Spirales – fiche n°1

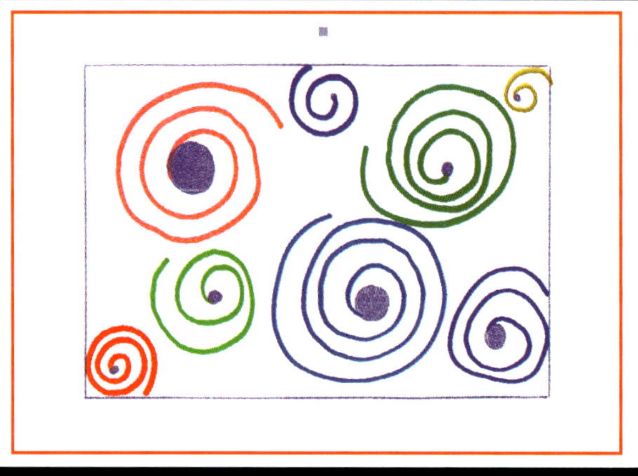

10. Spirales – fiche n° 2

10. Spirales – fiche n° 3

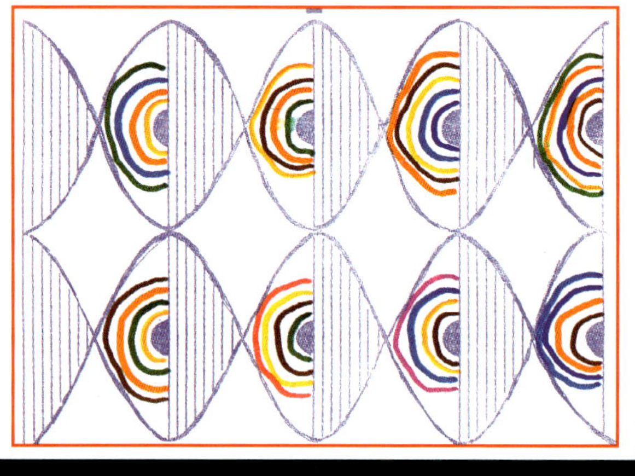

11. Lignes arrondies ouvertes – fiche n° 1

11. Lignes arrondies ouvertes – fiche n° 2

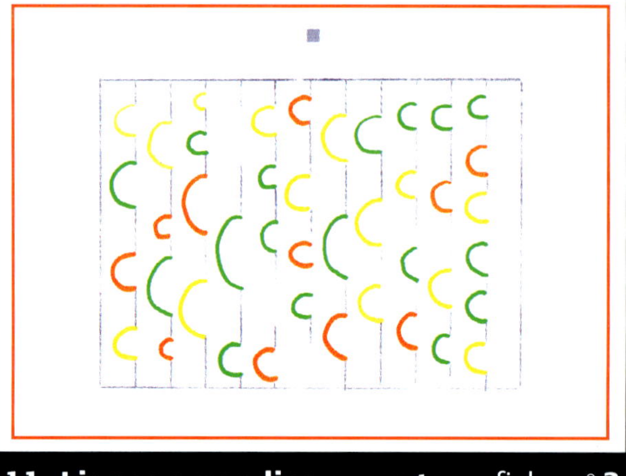

11. Lignes arrondies ouvertes – fiche n° 3

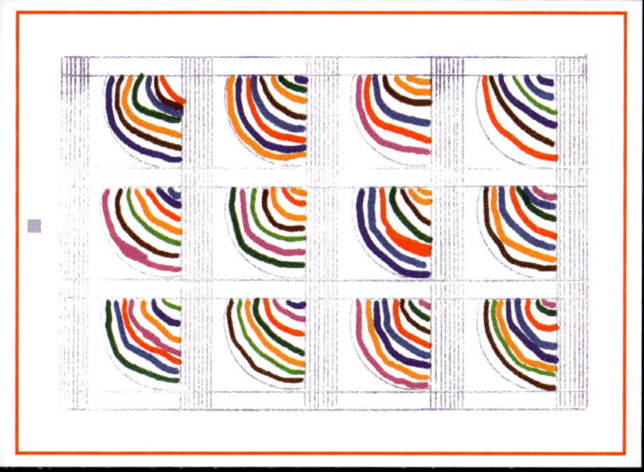

11. Lignes arrondies ouvertes – fiche n° **4**

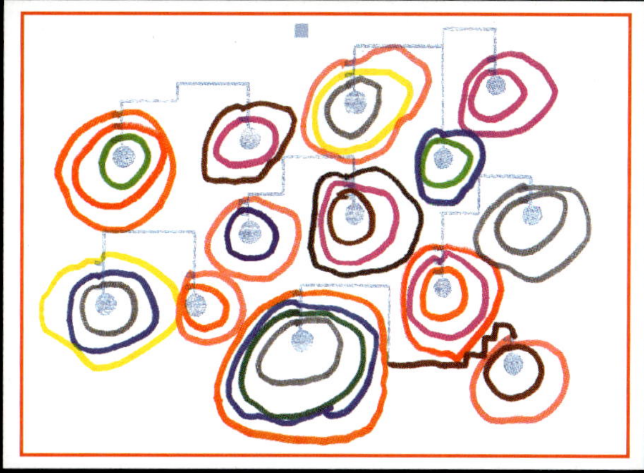

12. Lignes arrondies fermées – fiche n° **1**

12. Lignes arrondies fermées – fiche n° **2**

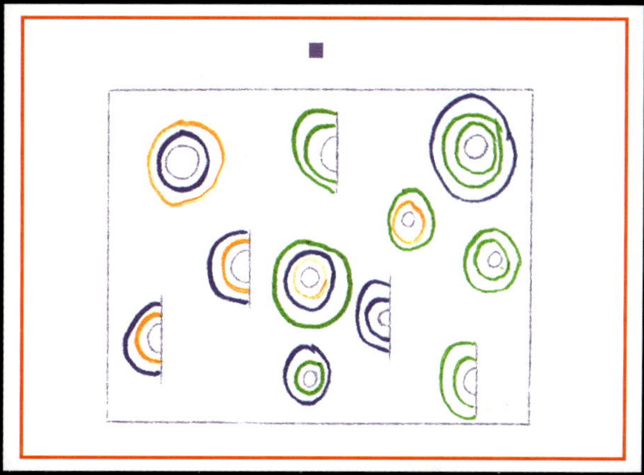

12. Lignes arrondies fermées – fiche n° **3**

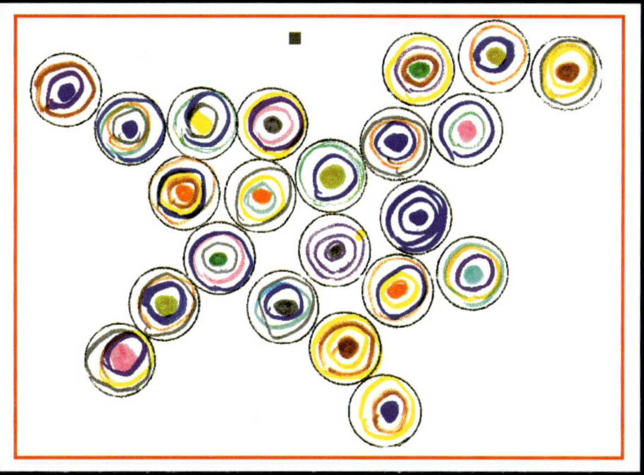

12. Lignes arrondies fermées – fiche n° **4**

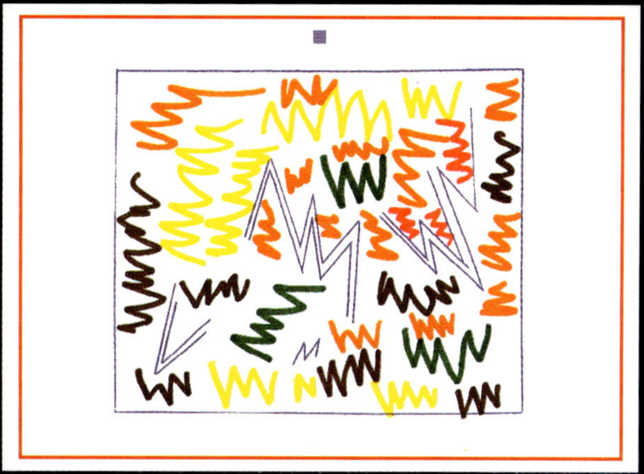

13. Lignes brisées en angle aigu – fiche n° **1**

13. Lignes brisées en angle aigu – fiche n° **2**

13. Lignes brisées en angle aigu – fiche n° **3**

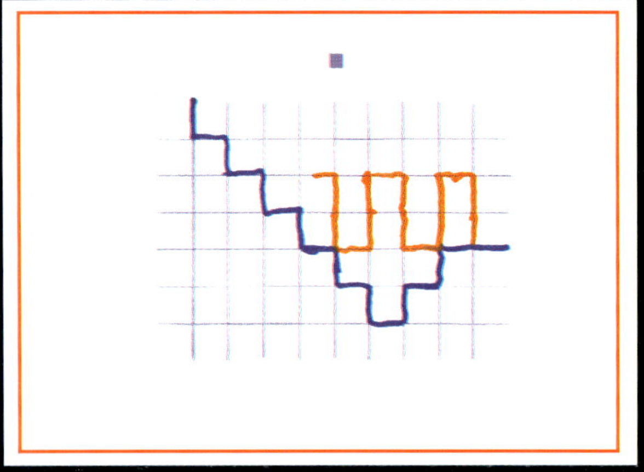

14. Lignes brisées en angle droit – fiche n° **1**

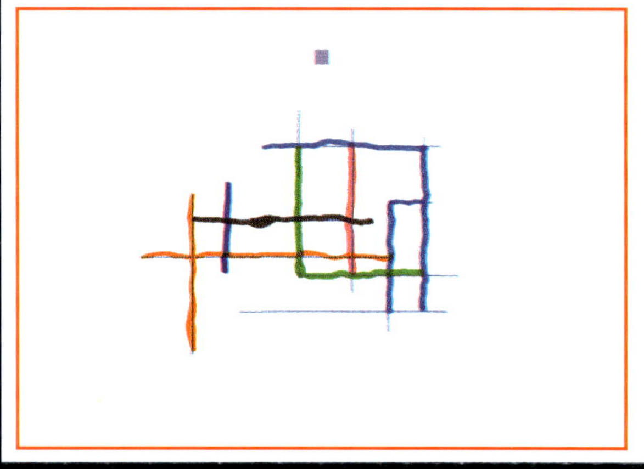

14. Lignes brisées en angle droit – fiche n° **2**

14. Lignes brisées en angle droit – fiche n° **3**

14. Lignes brisées en angle droit – fiche n° **4**

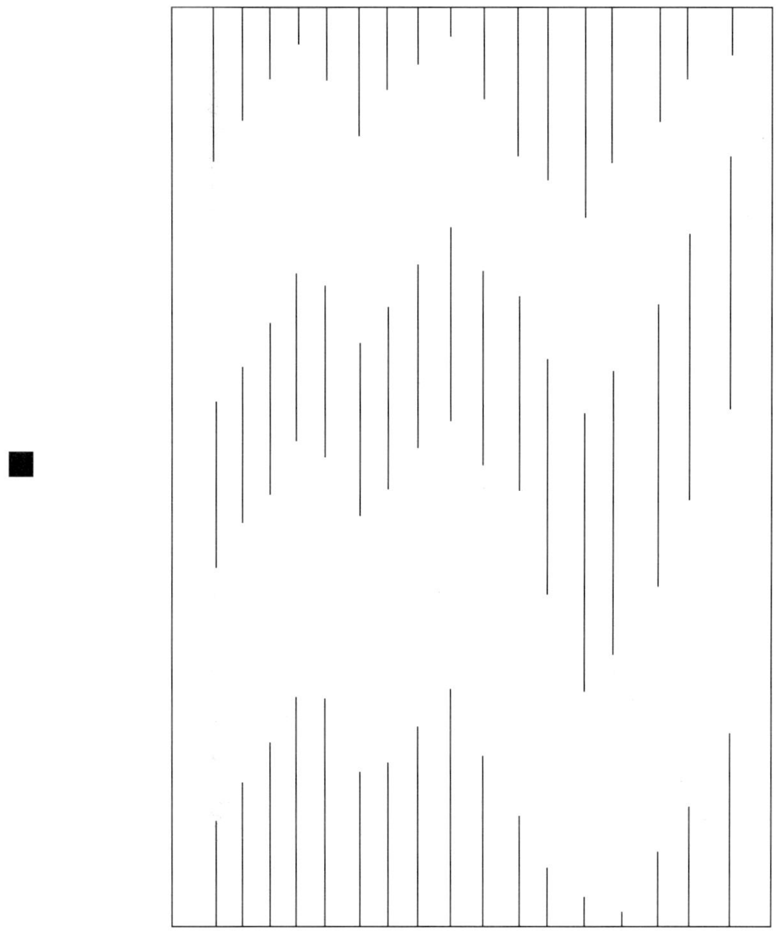

1. Lignes horizontales – fiche n° **1**

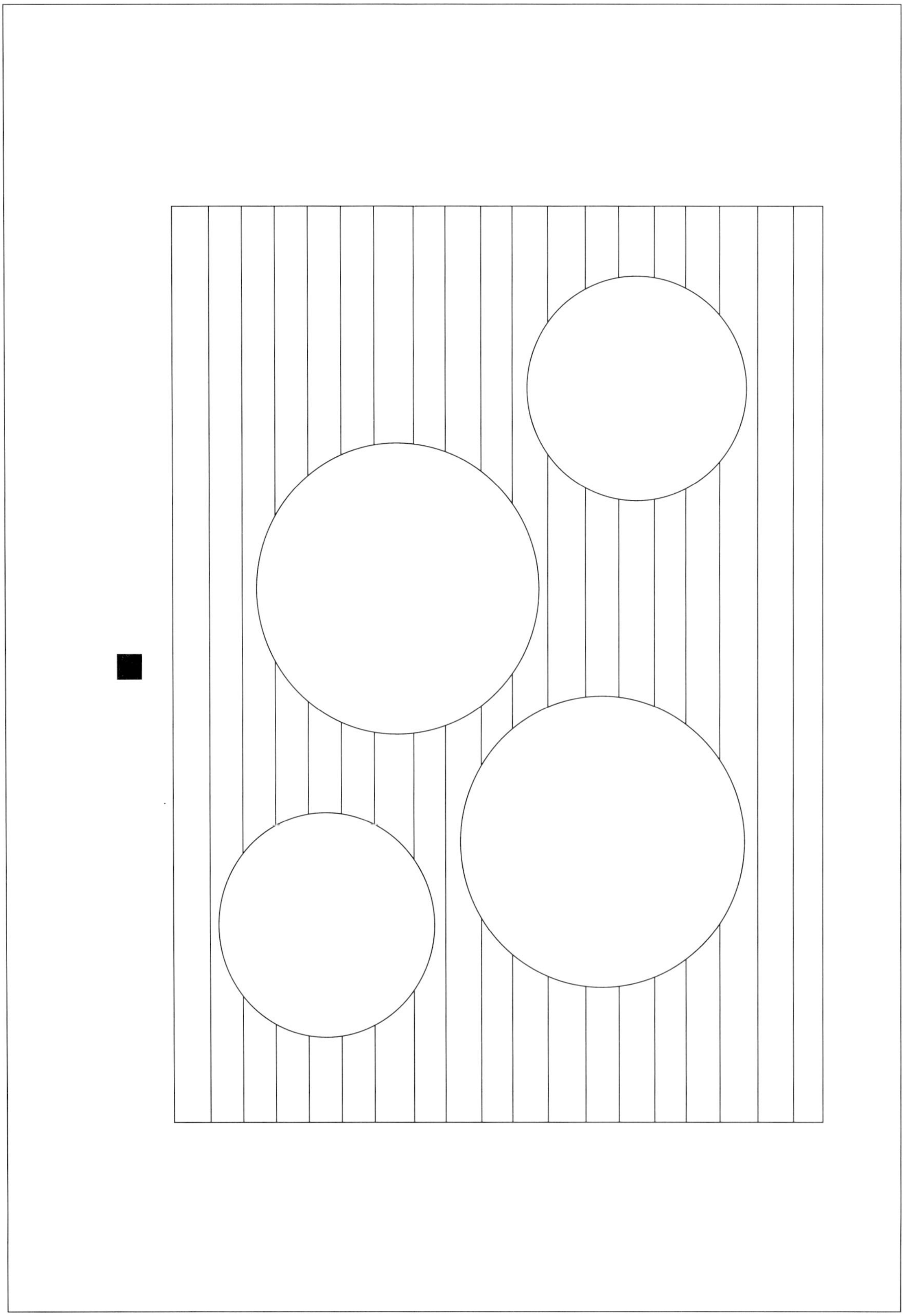

1. Lignes horizontales – fiche n° **2**

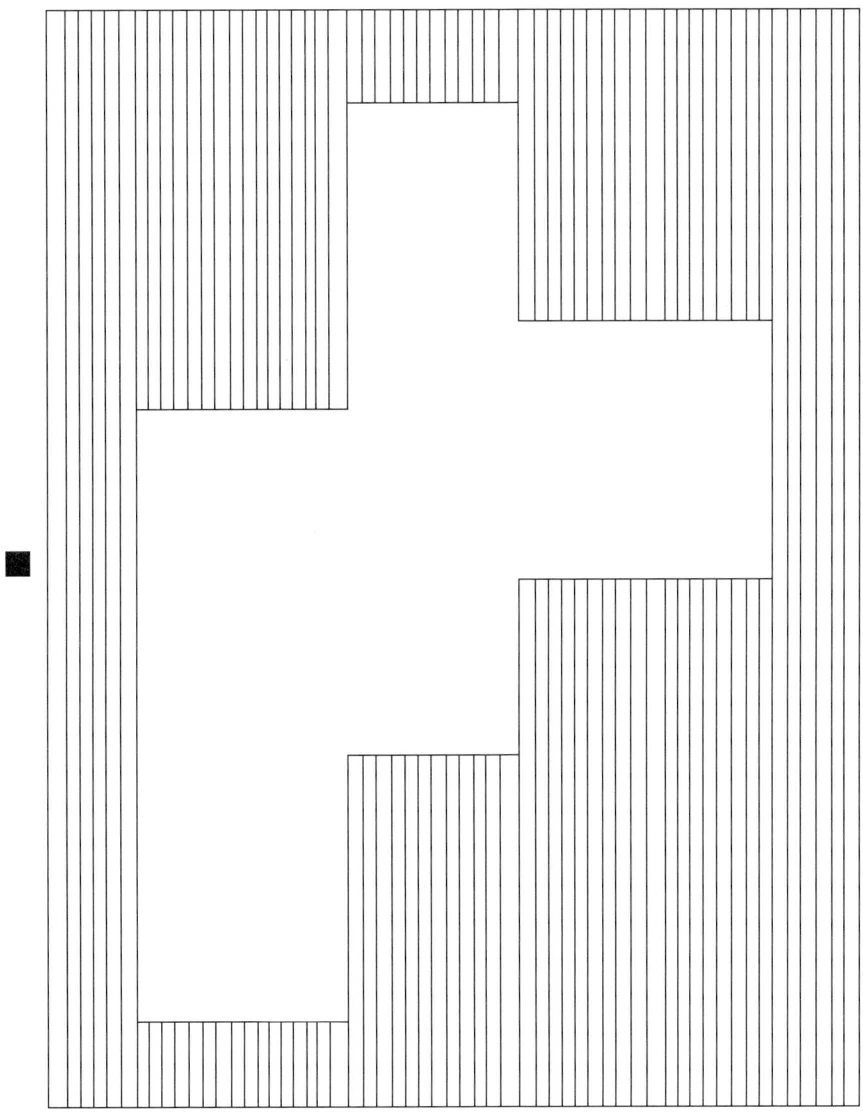

1. Lignes horizontales – fiche n° **3**

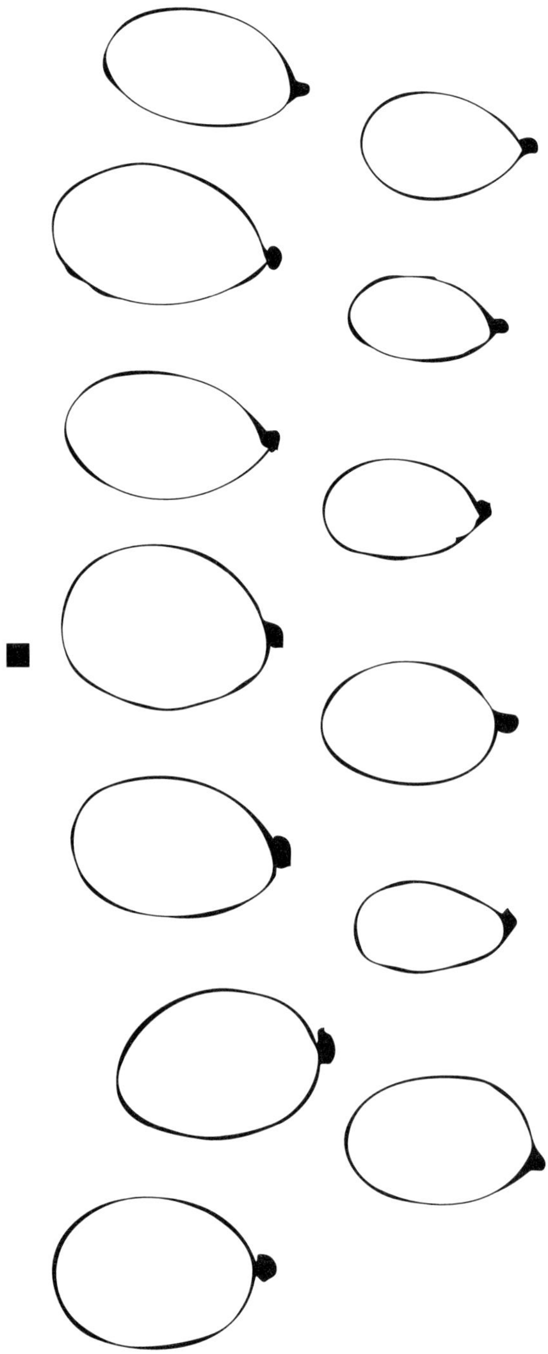

2. Lignes verticales – fiche n° 1

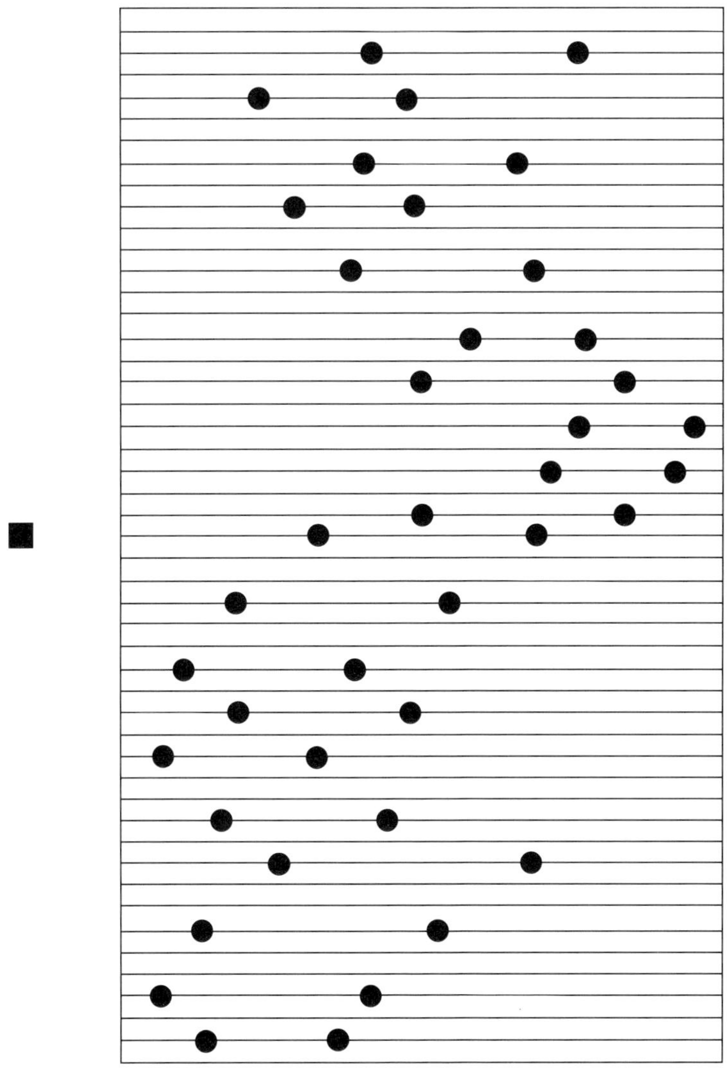

2. Lignes verticales – fiche n° **2**

2. Lignes verticales – fiche n° **3**

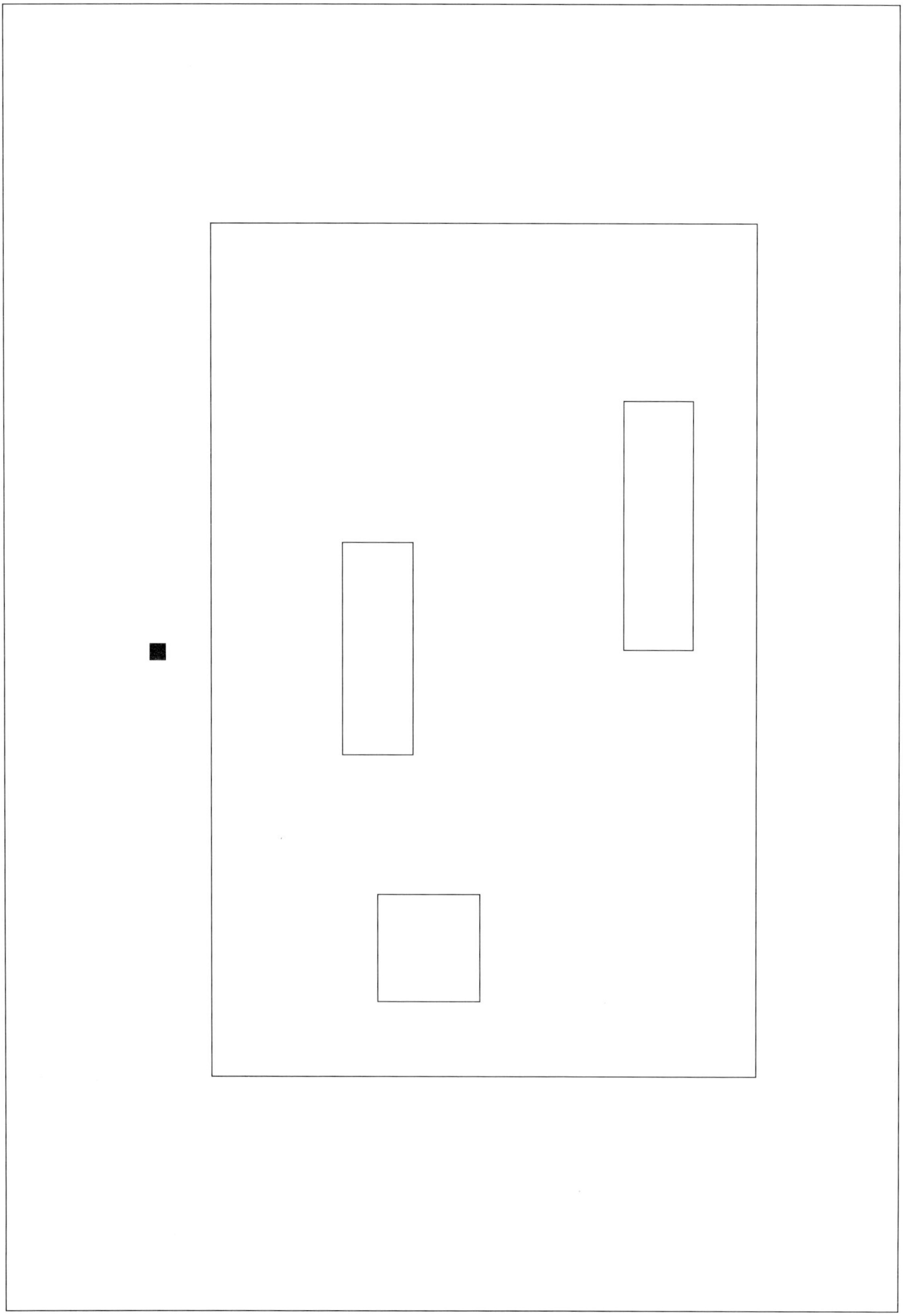

2. Lignes verticales – fiche n° **4**

3. Lignes obliques – fiche n° **1**

3. Lignes obliques – fiche n° 2

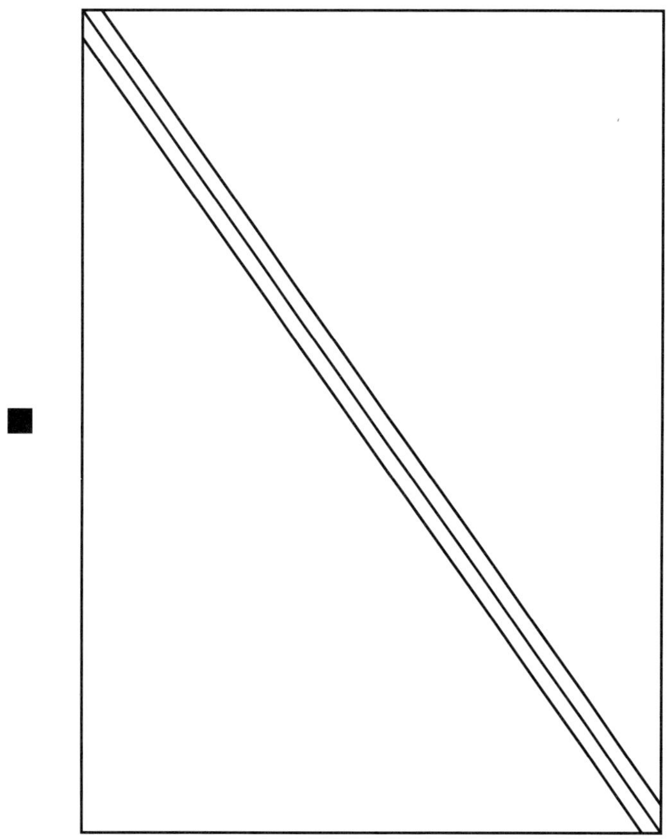

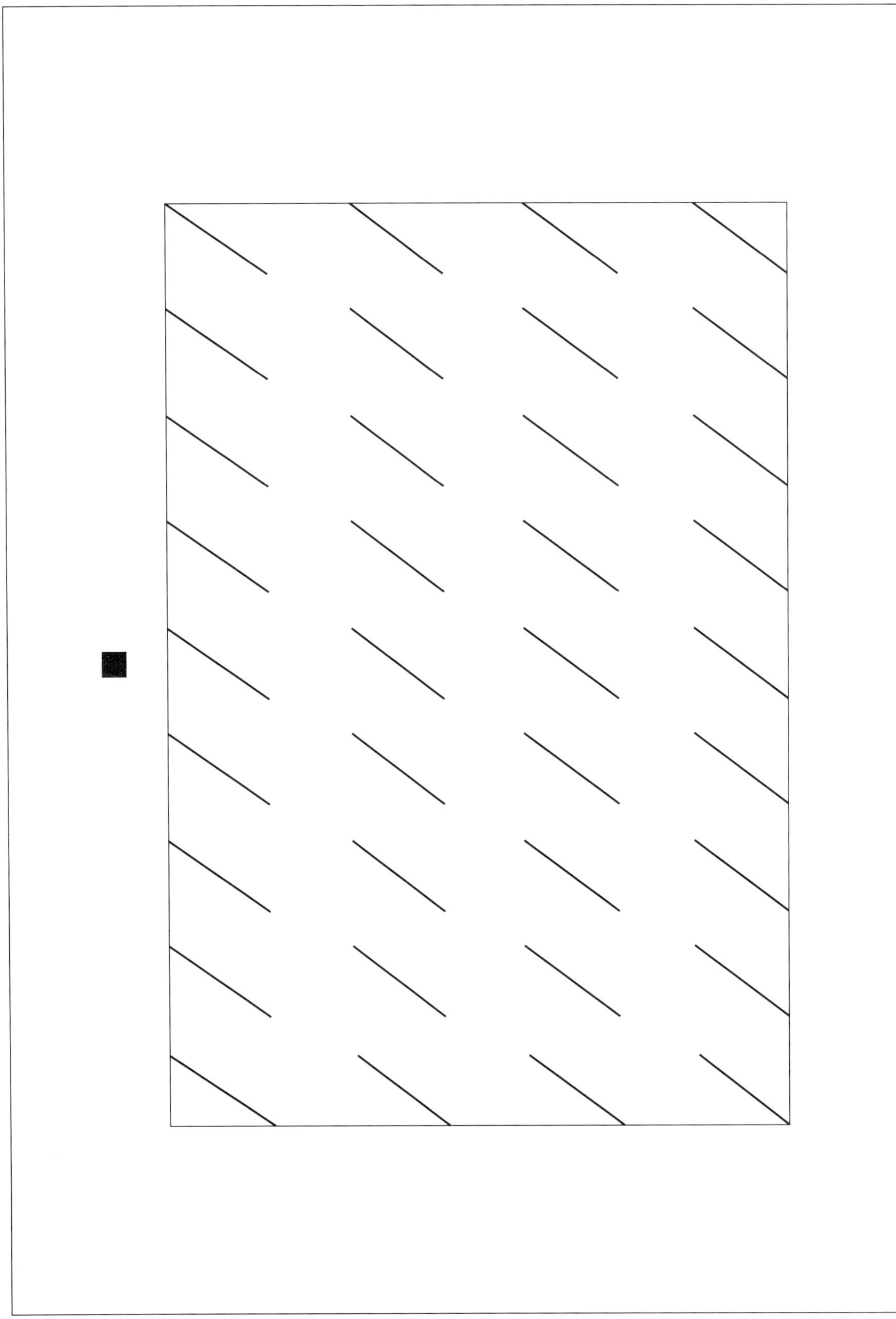

3. Lignes obliques – fiche n° **3**

3. Lignes obliques – fiche n° **4**

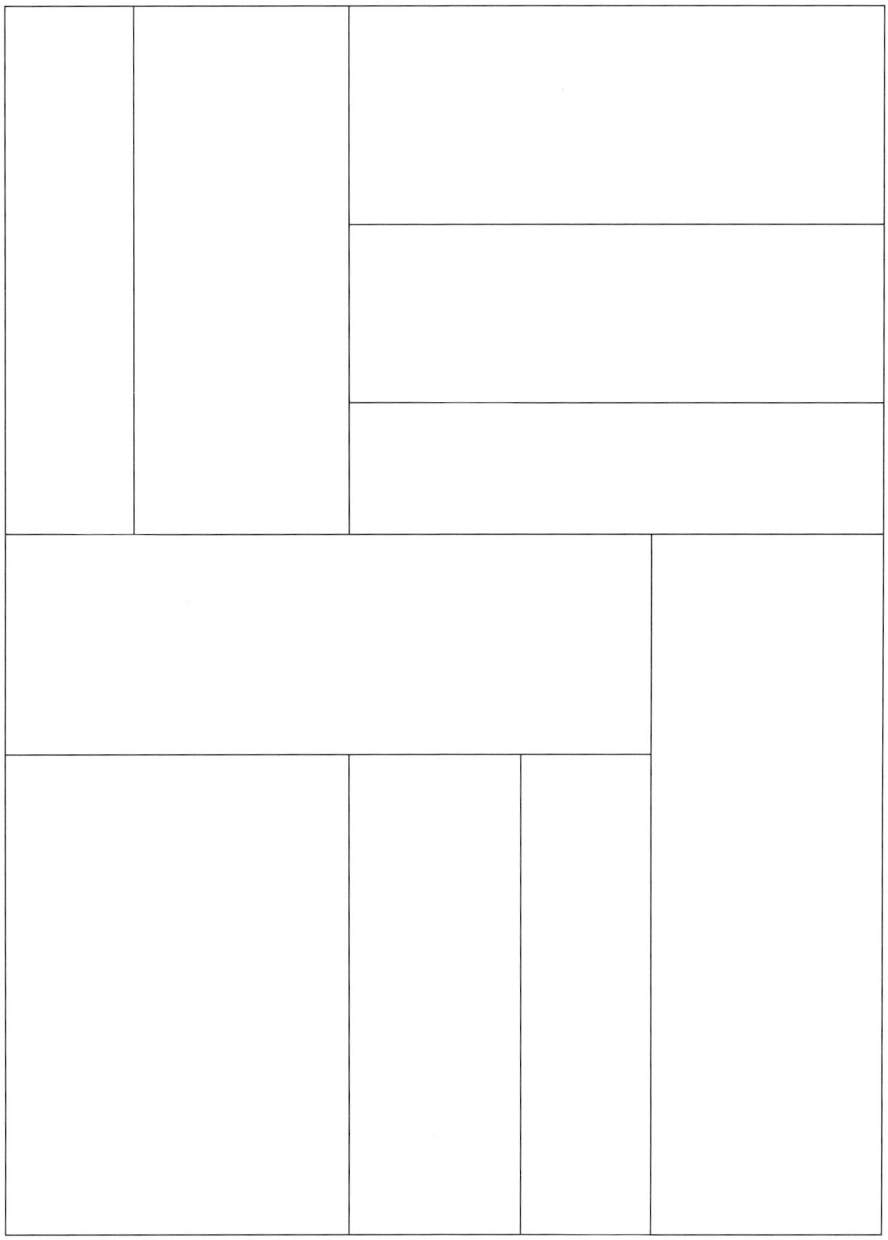

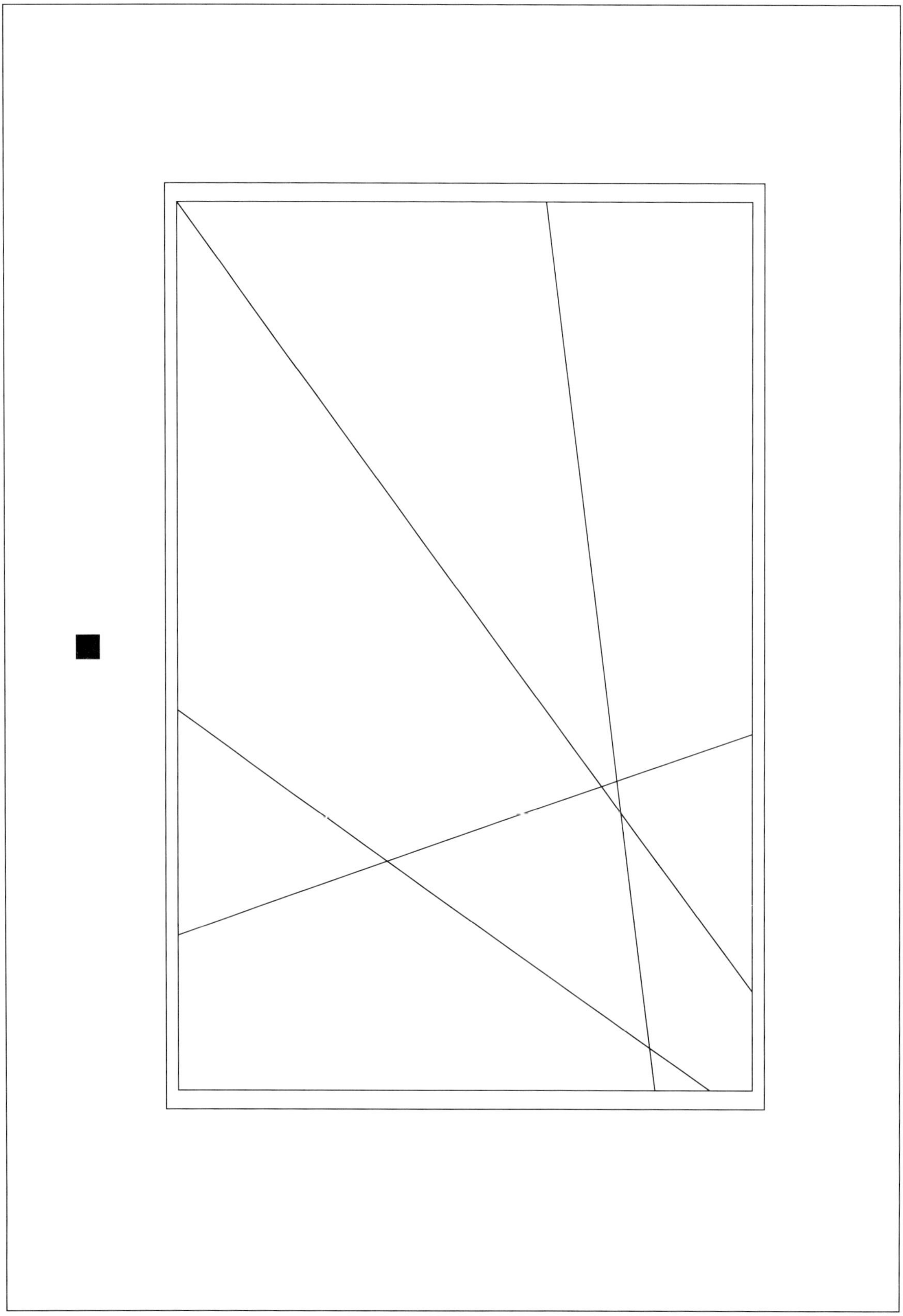

4. Fantaisies linéaires à la règle – fiche n° **1**

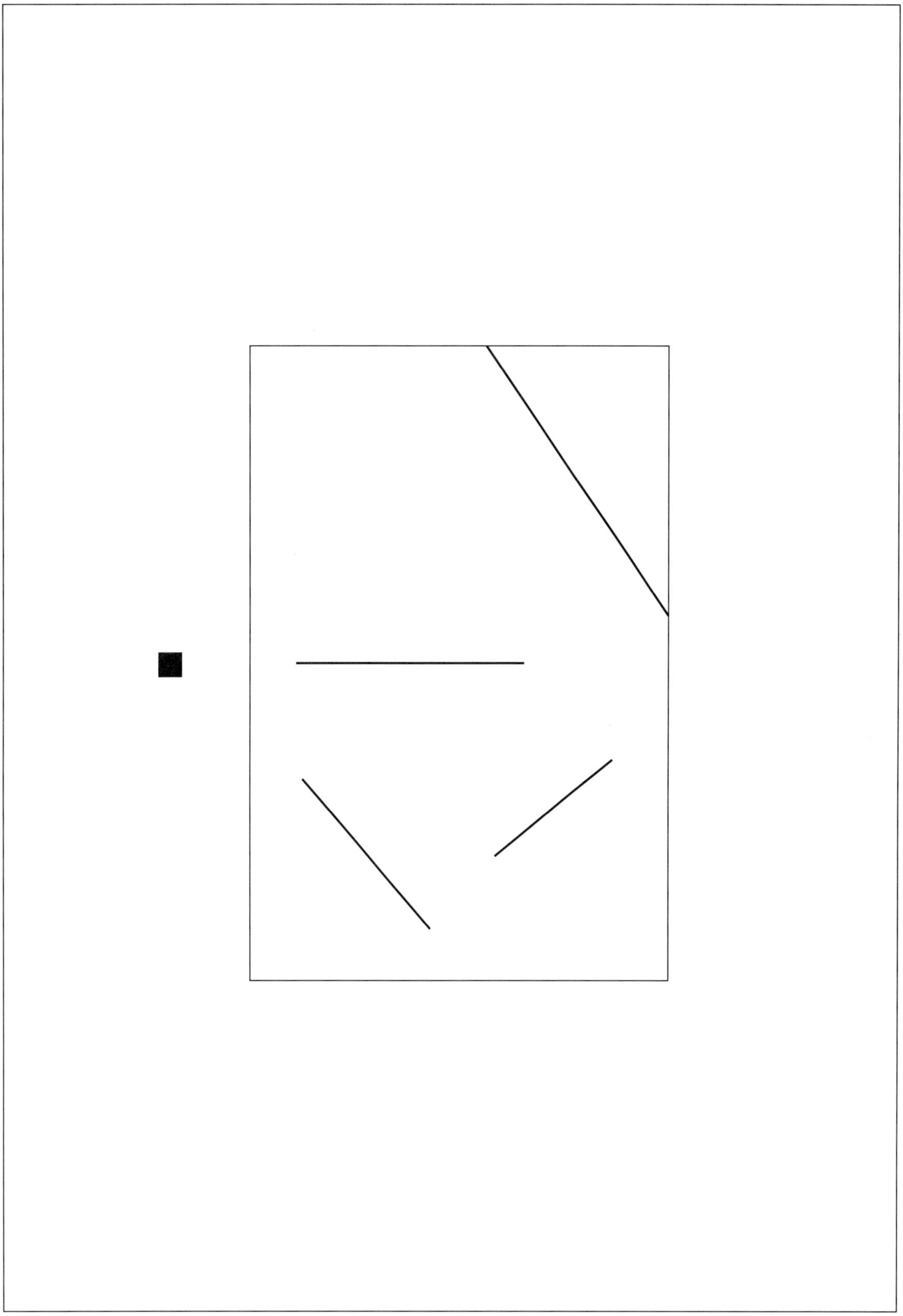

4. Fantaisies linéaires à la règle – fiche n° **2**

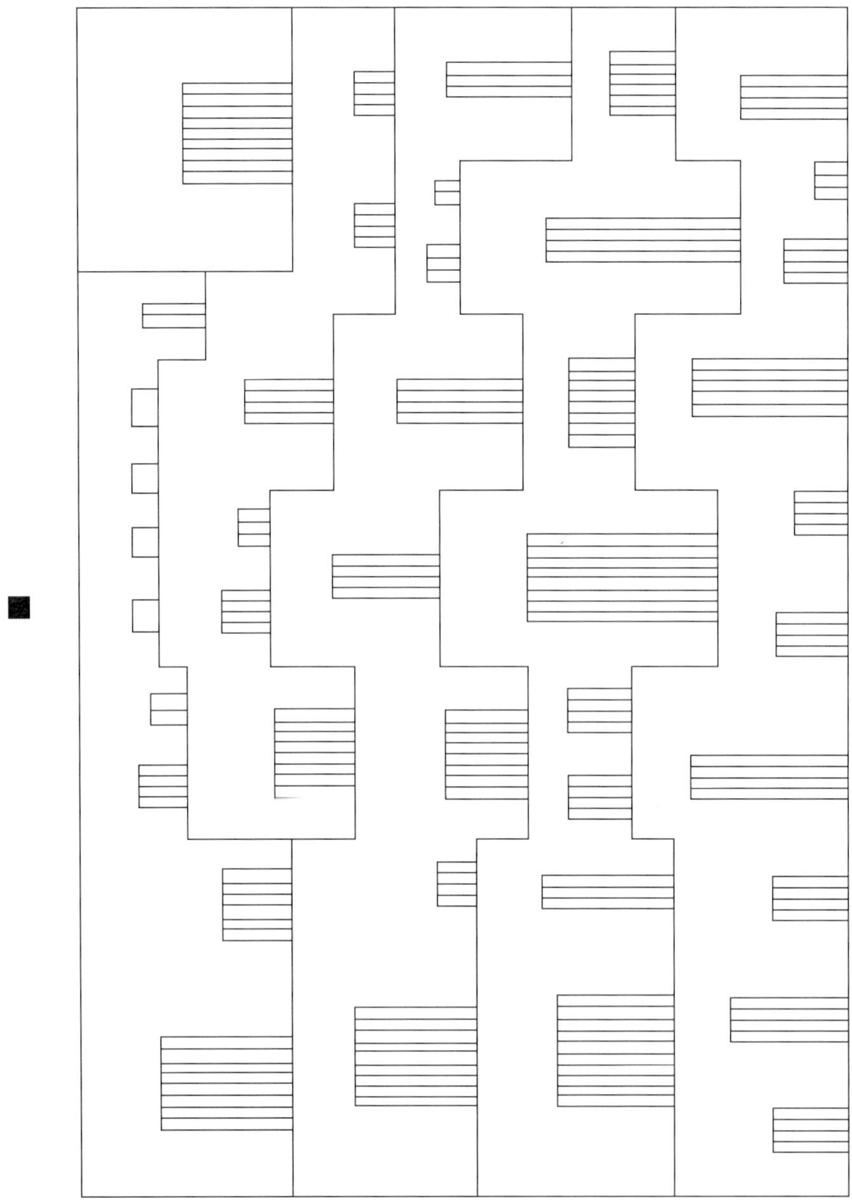

5. Courbes "Pont-Arcade" – fiche n° **1**

5. Courbes **“Pont-Arcade”** – fiche n° **2**

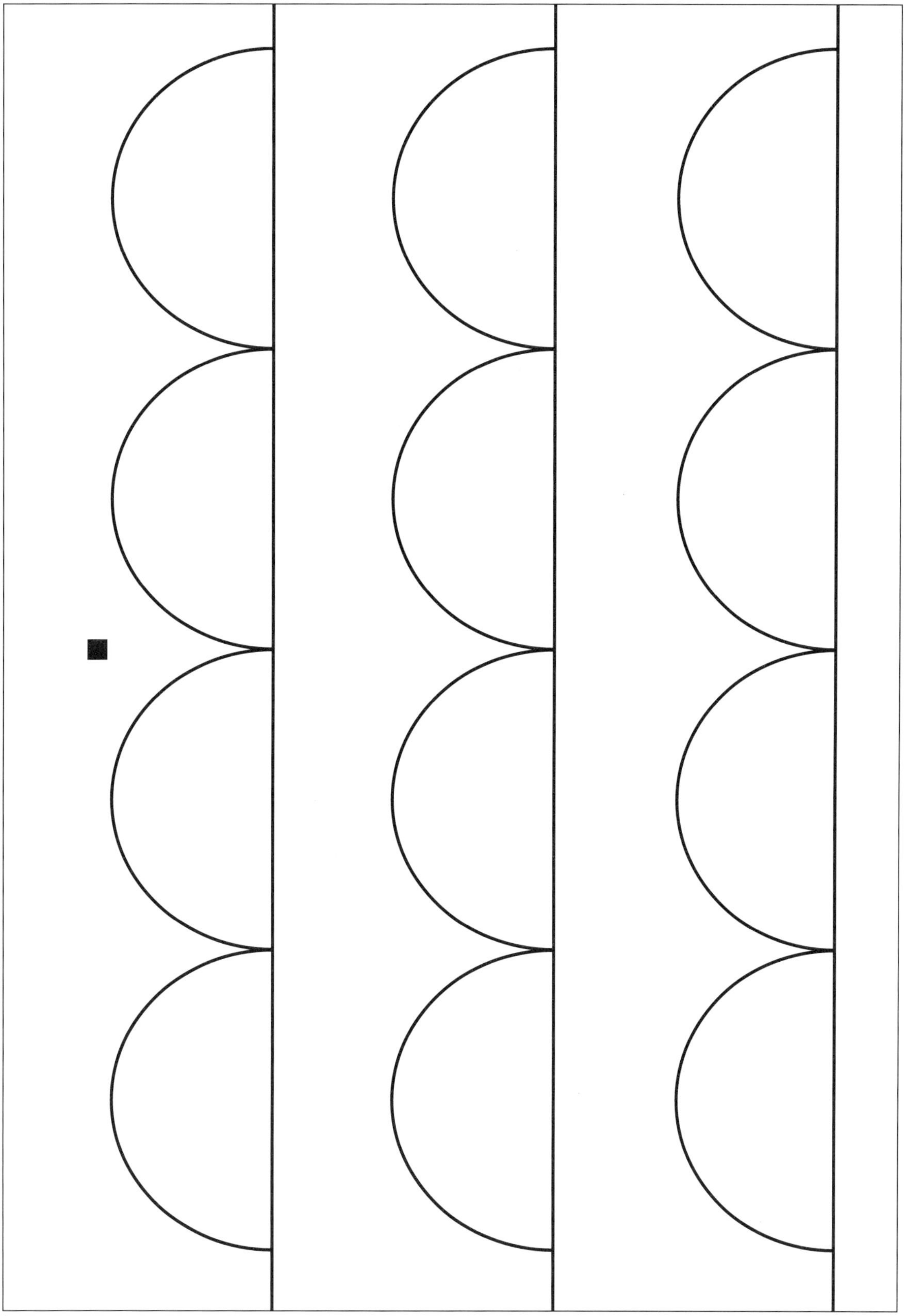

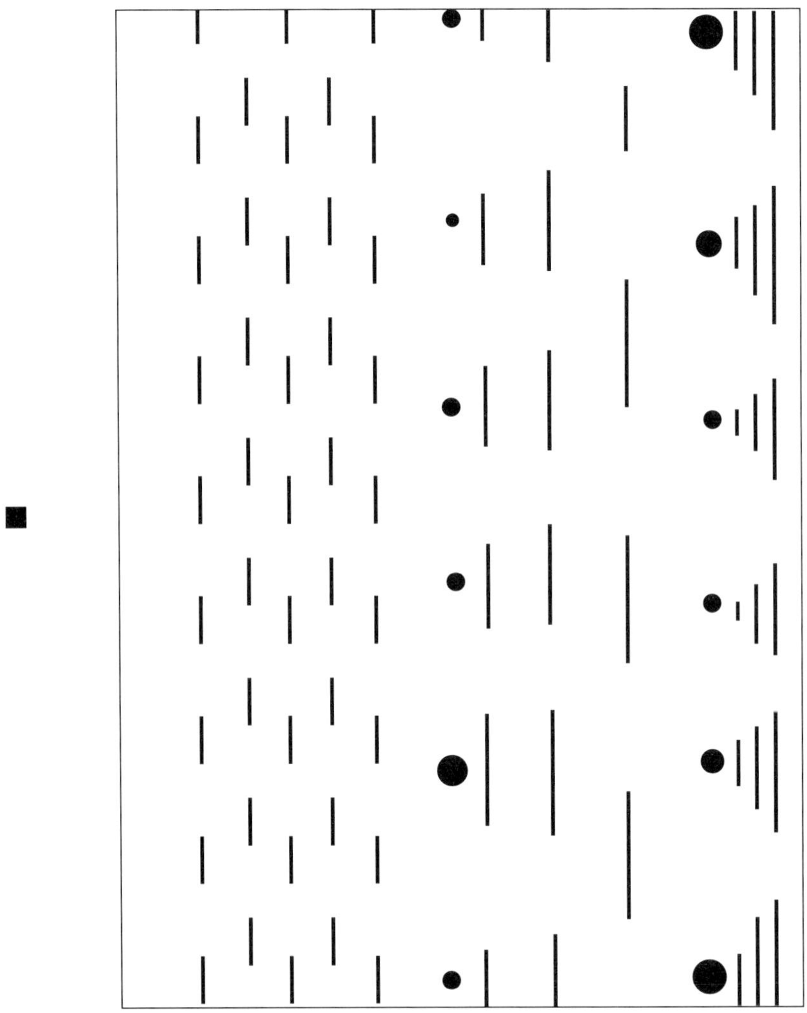

5. **Courbes "Pont-Arcade"** – fiche n° **3**

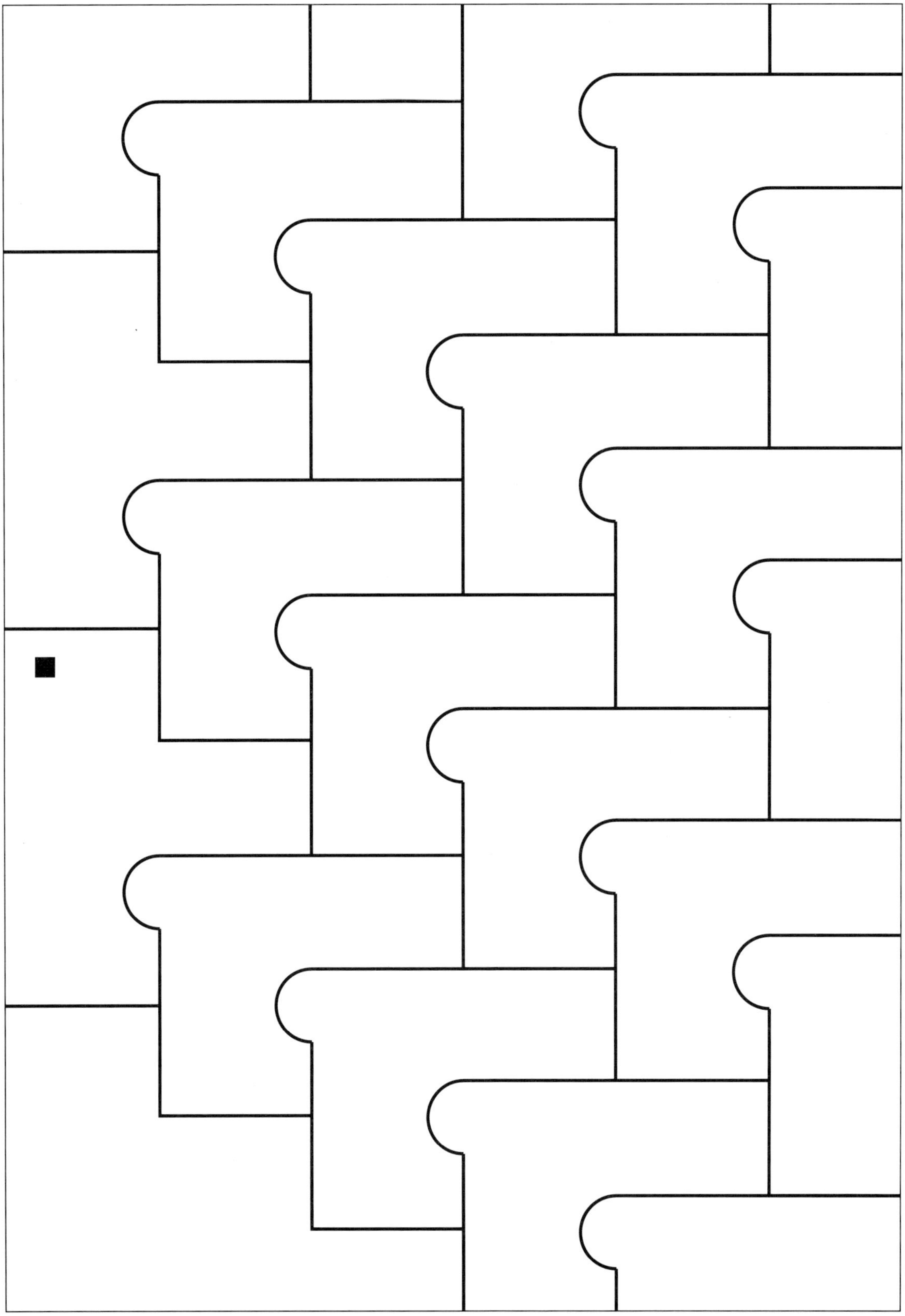

5. Courbes "Pont-Arcade" – fiche n° **4**

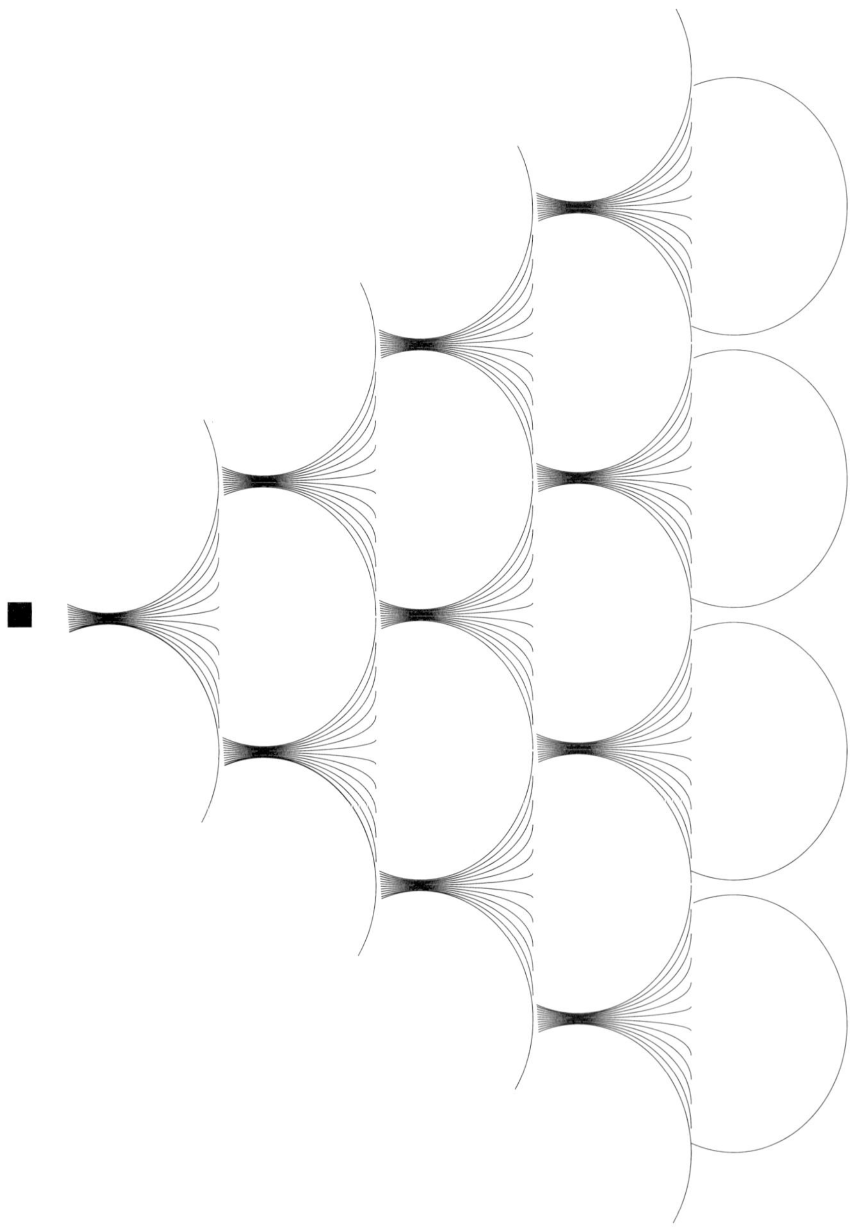

6. Courbes "Creux" – fiche n° **1**

6. Courbes "Creux" – fiche n° **2**

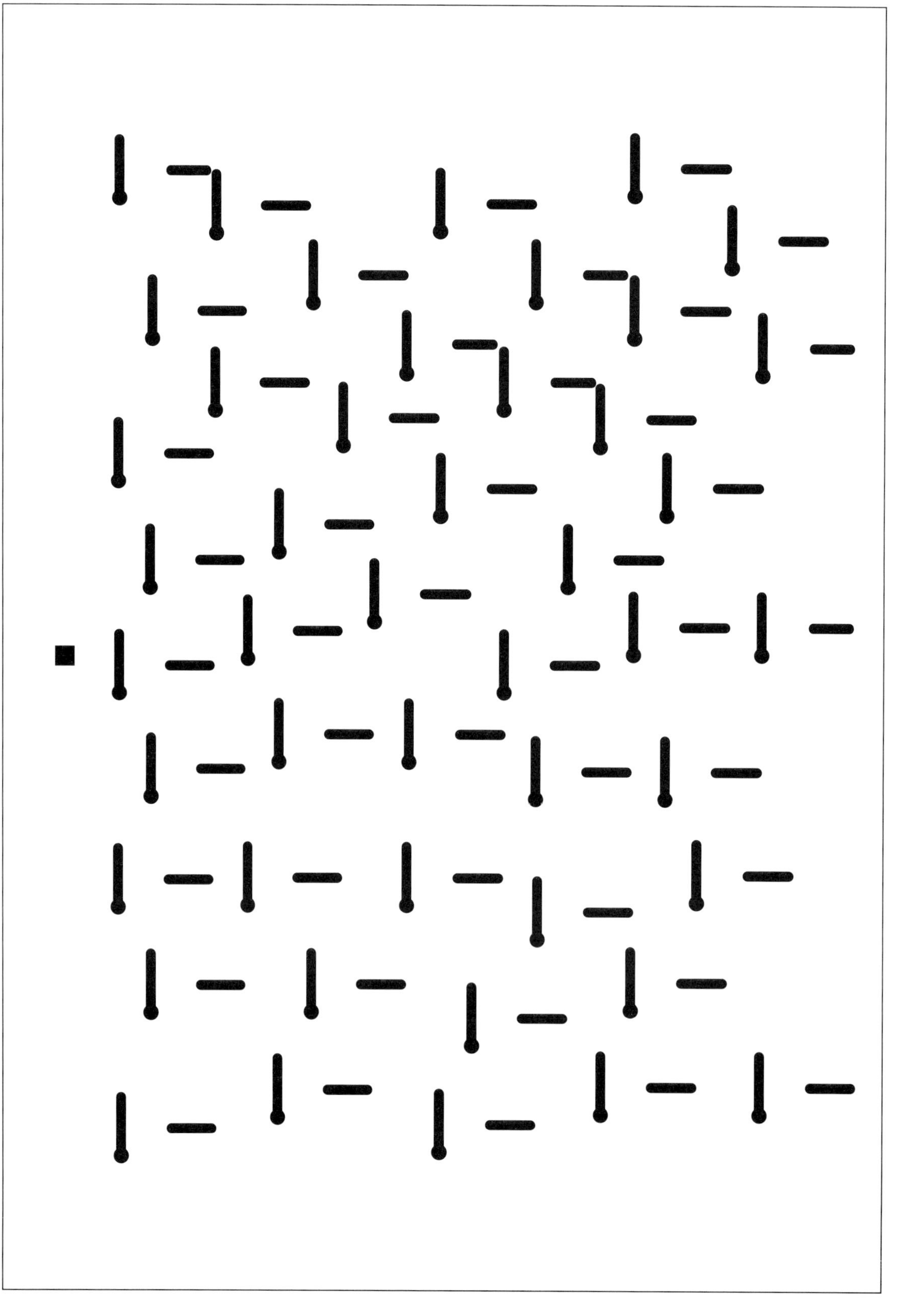

6. Courbes "Creux" – fiche n° **3**

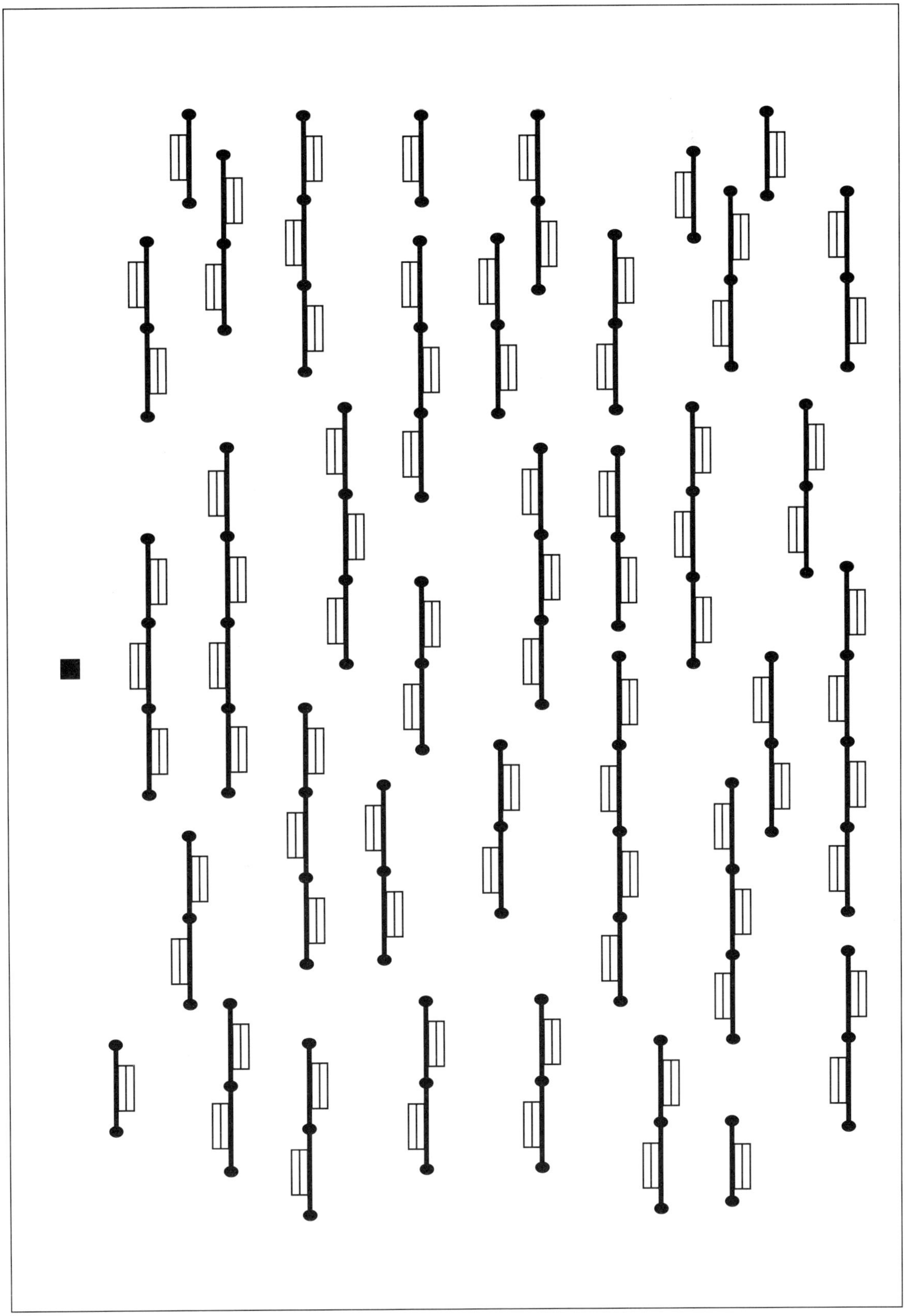

6. Courbes "Creux" – fiche n° **4**

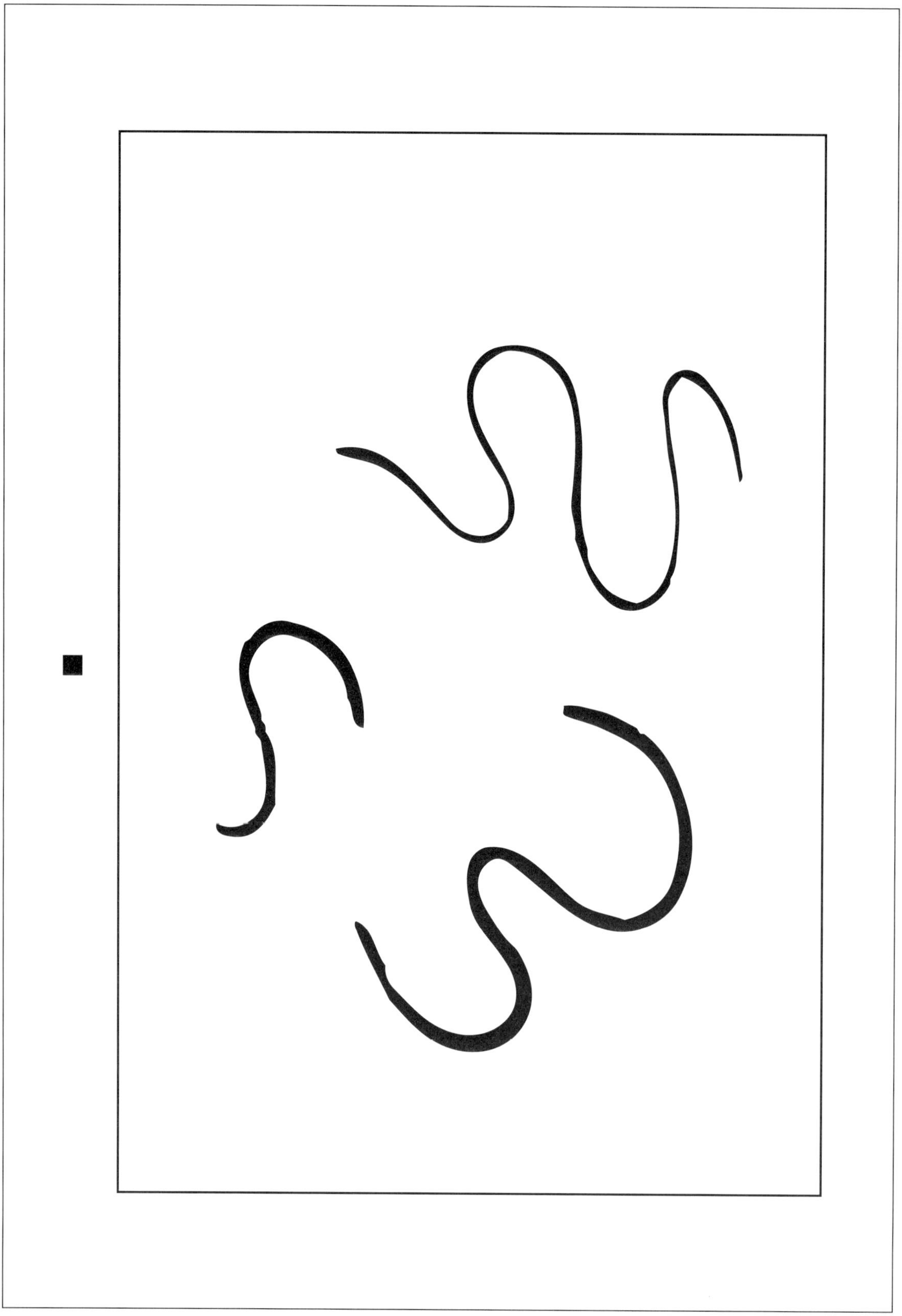

7. Lignes ondulantes – fiche n° **1**

7. Lignes ondulantes – fiche n° **2**

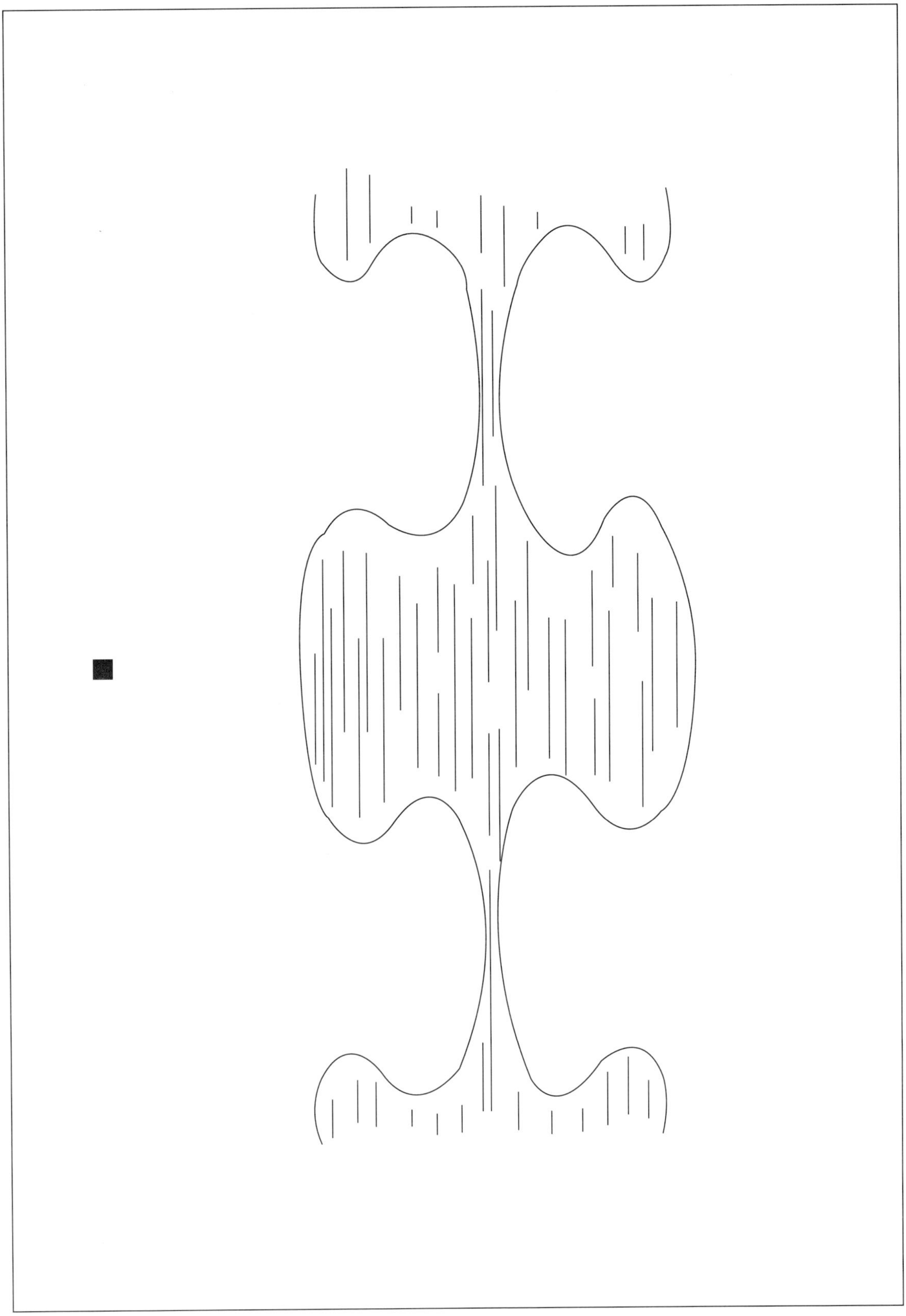

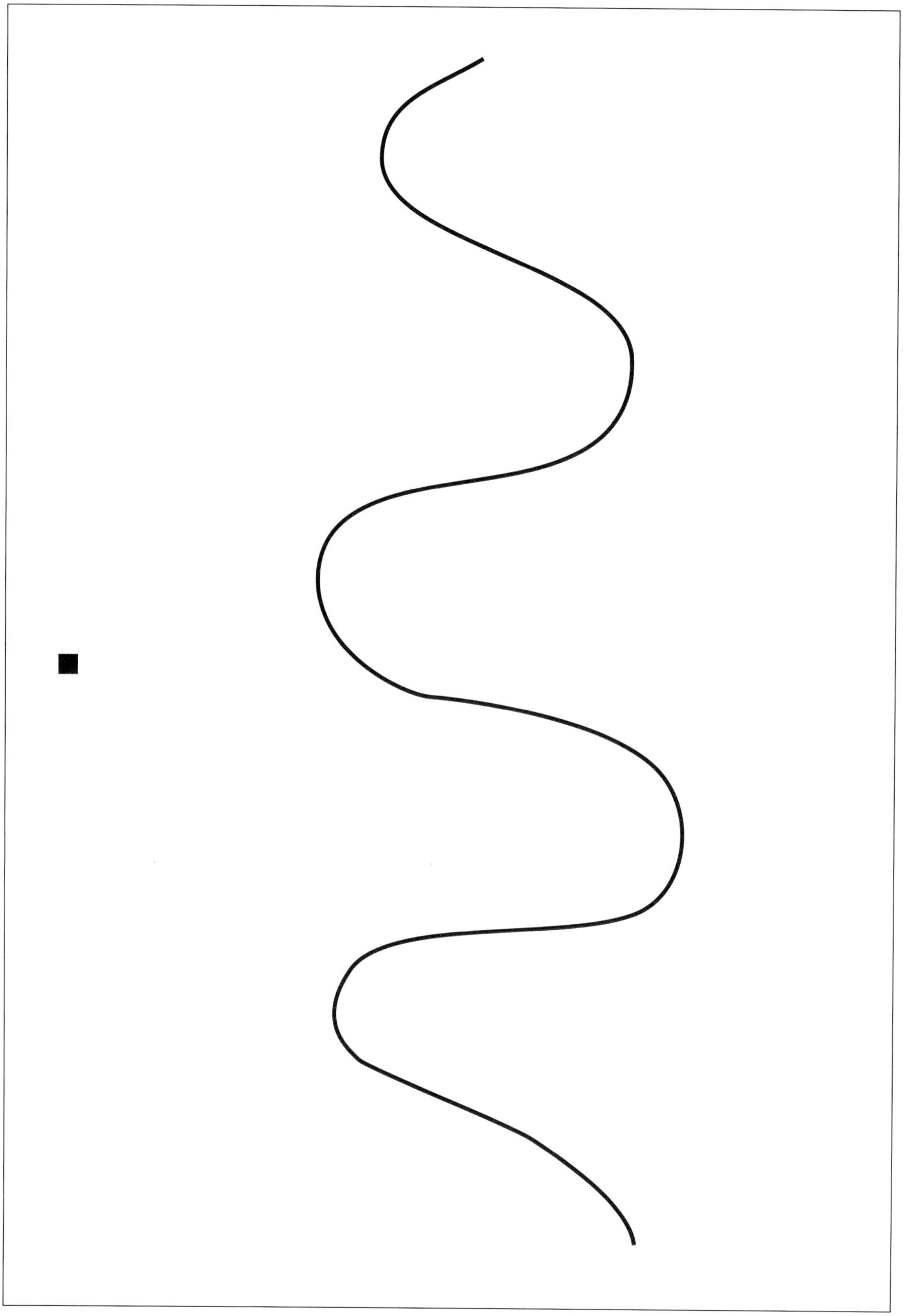

7. Lignes ondulantes – fiche n° **3**

7. Lignes ondulantes – fiche n° 4

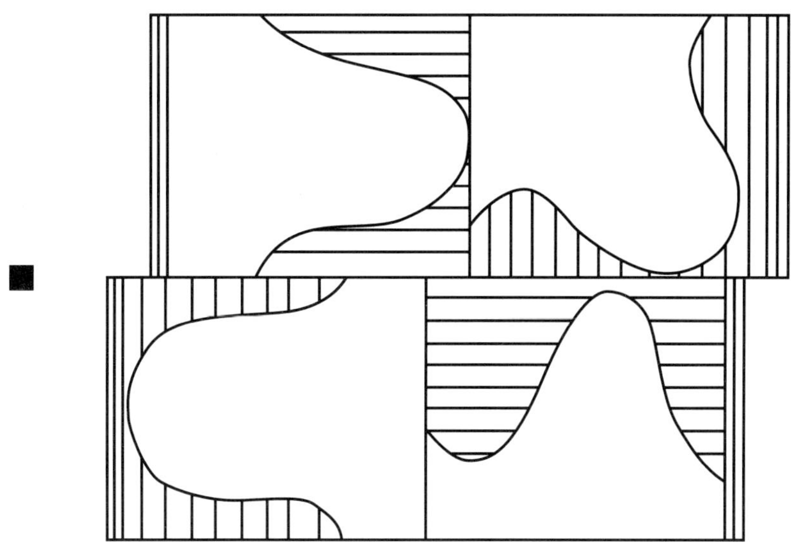

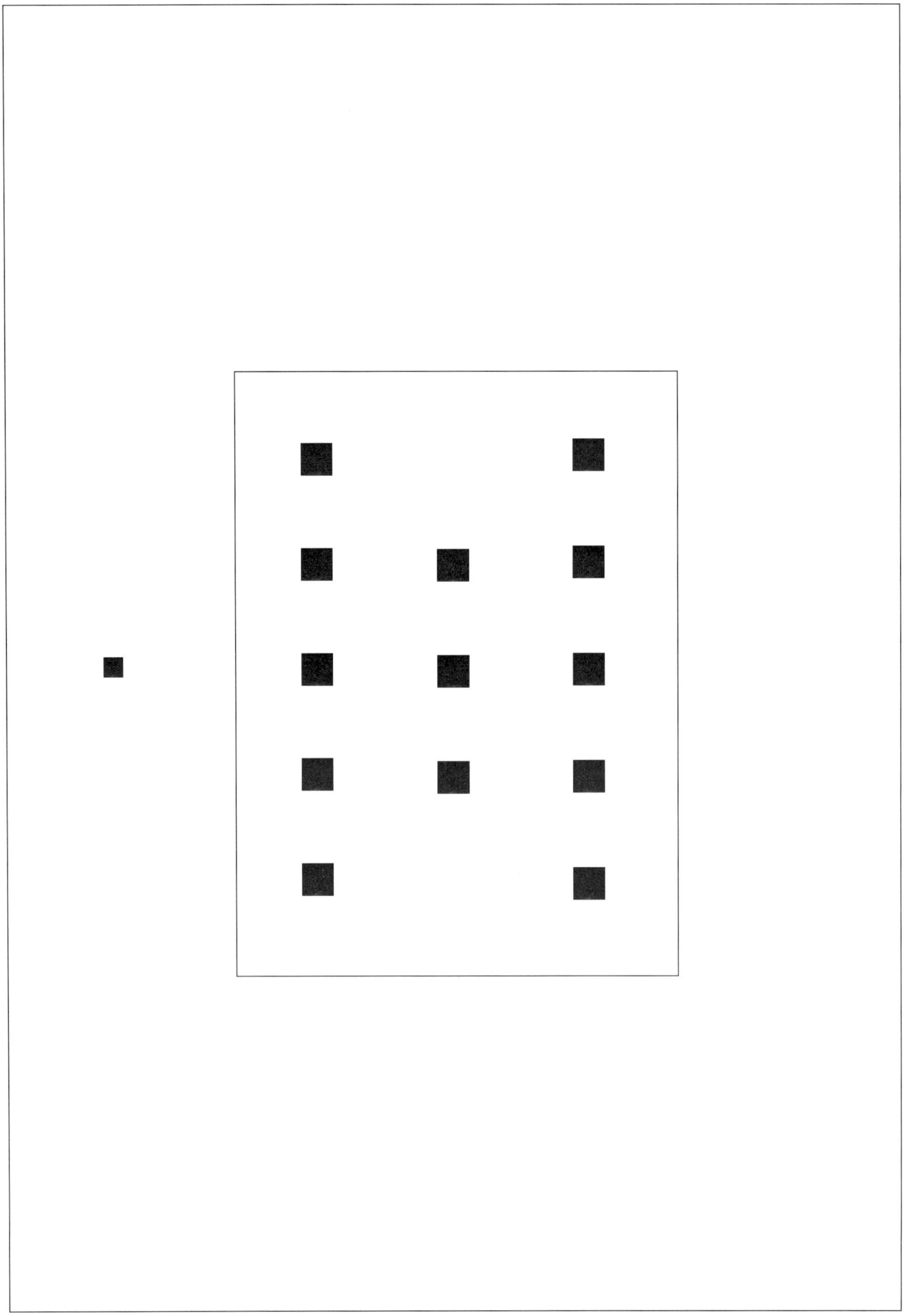

8. **Boucles** – fiche n° 1

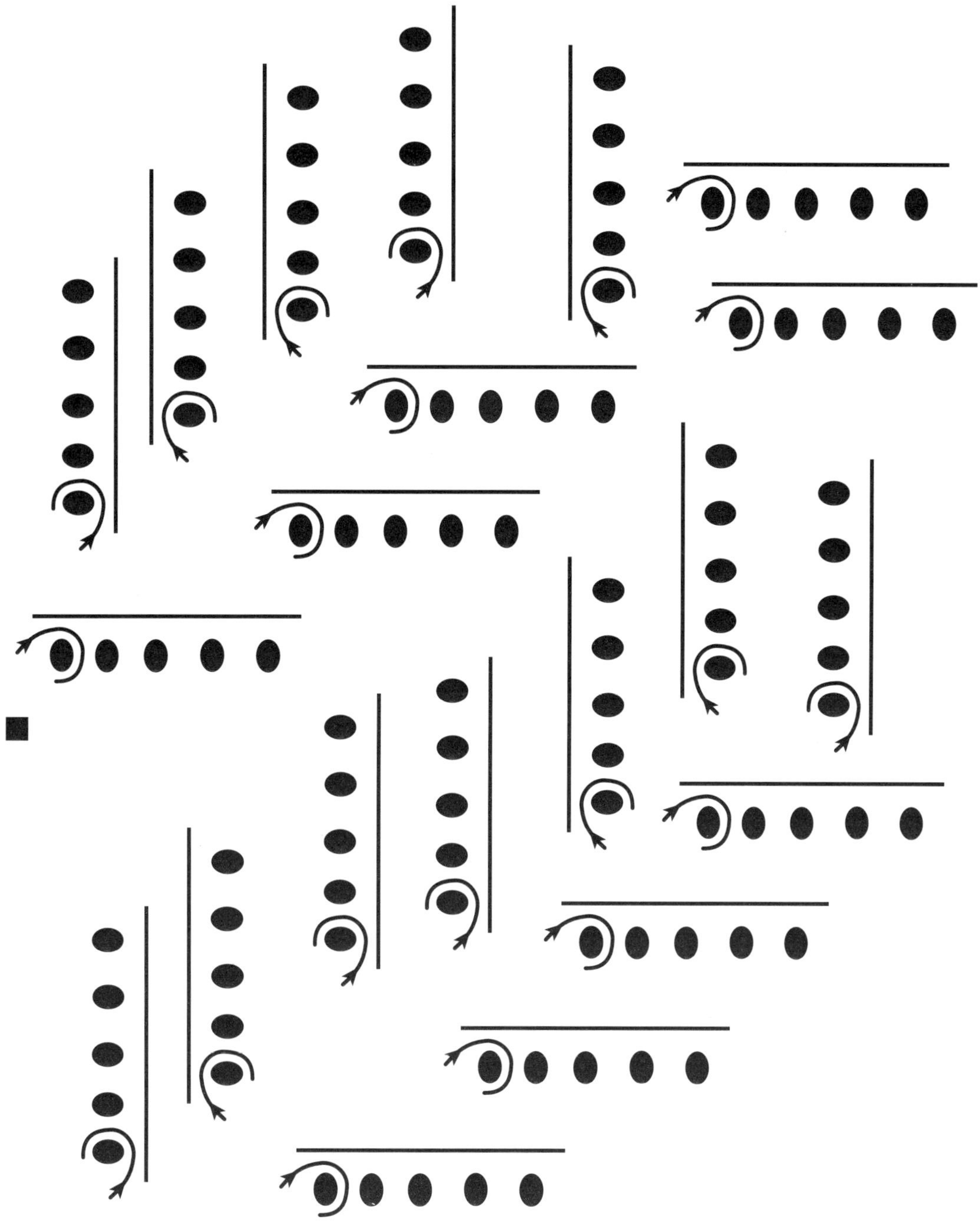

8. Boucles – fiche n° **2**

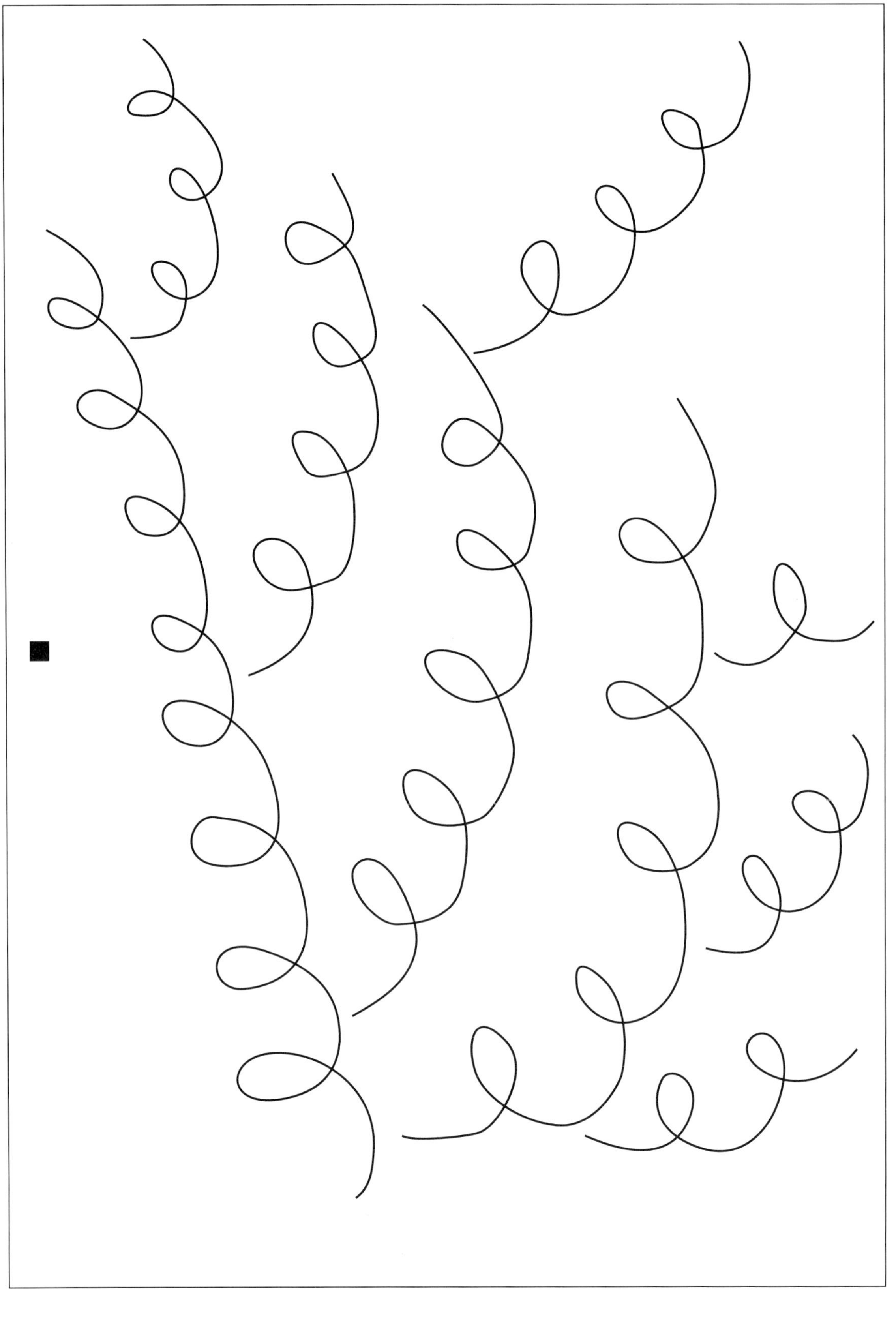

8. Boucles – fiche n° **3**

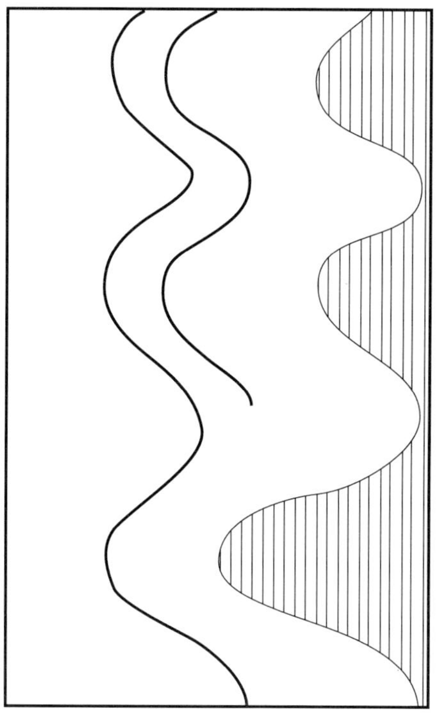

9. Pointillés – fiche n° 1

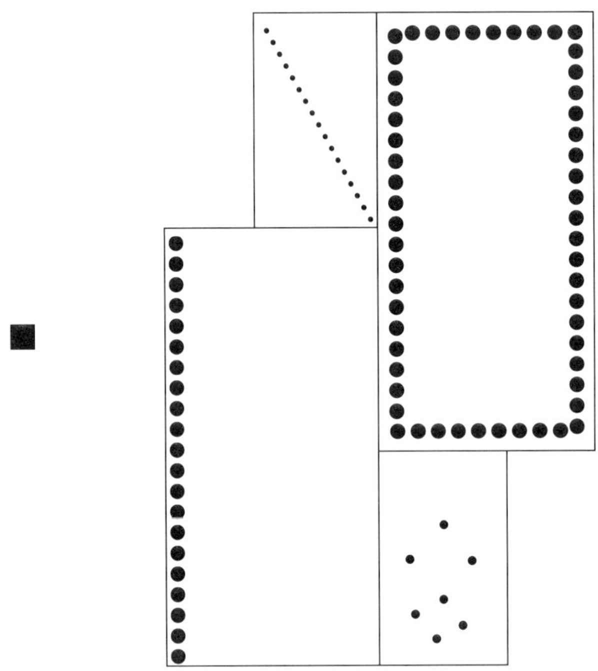

9. Pointillés – fiche n° **2**

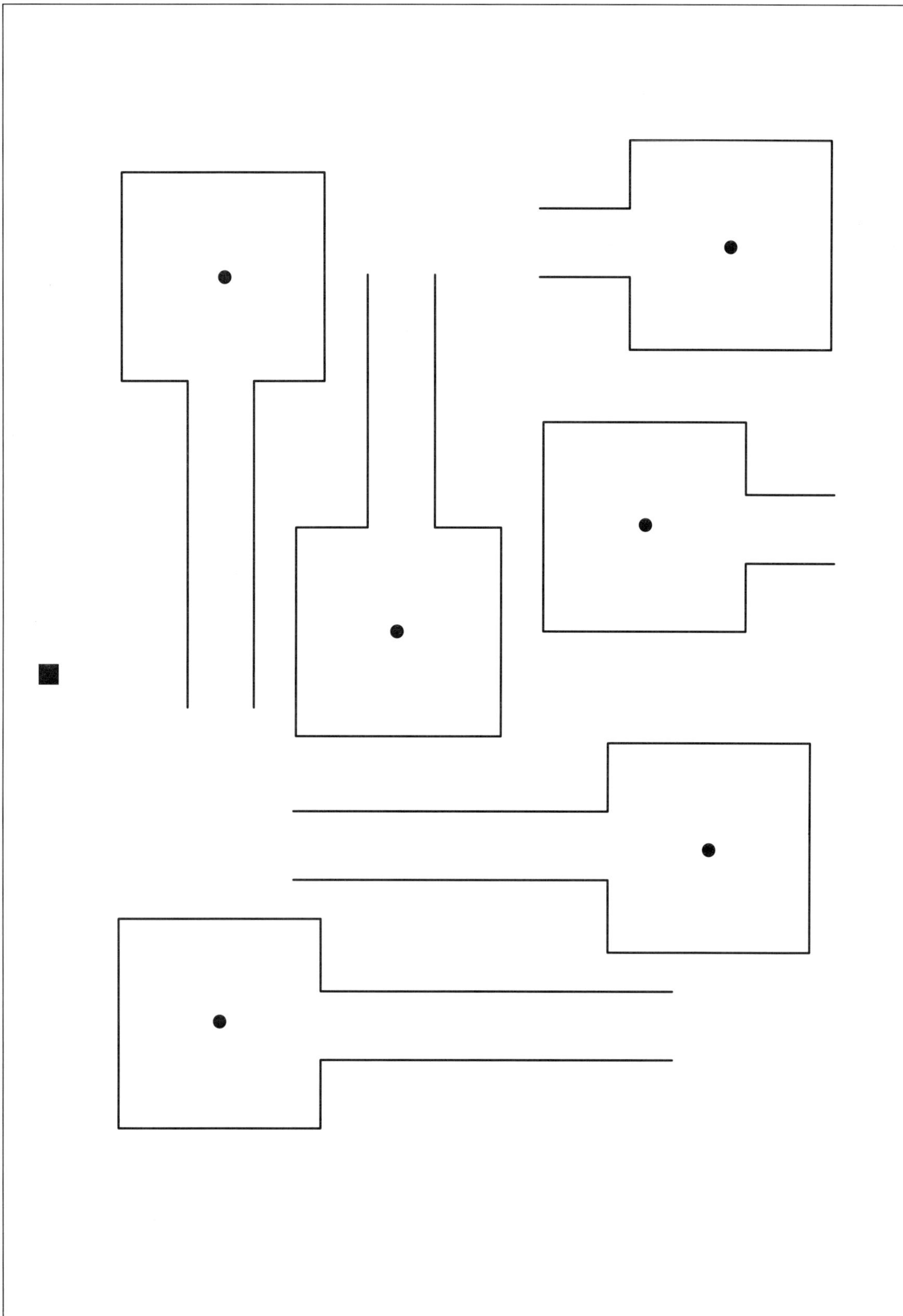

10. Spirales – fiche n° **1**

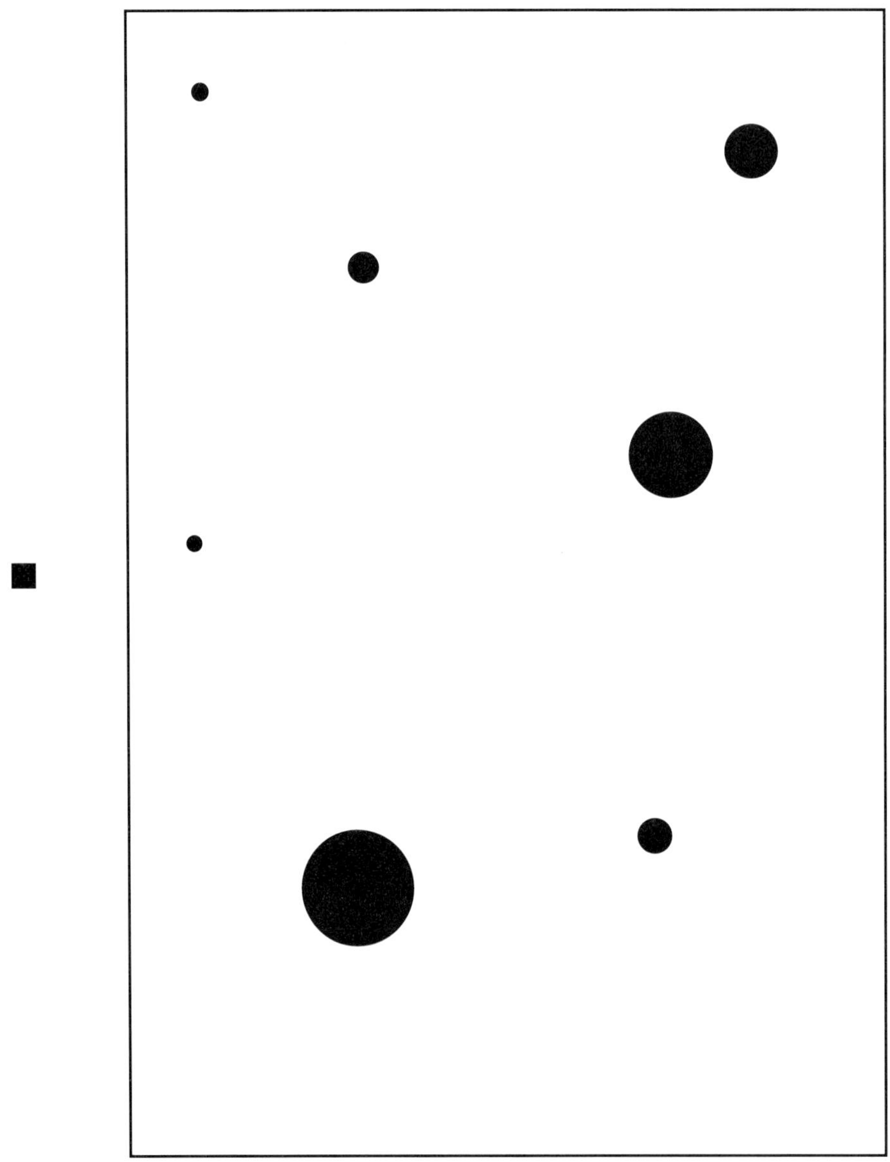

10. Spirales – fiche n° **2**

10. Spirales – fiche n° **3**

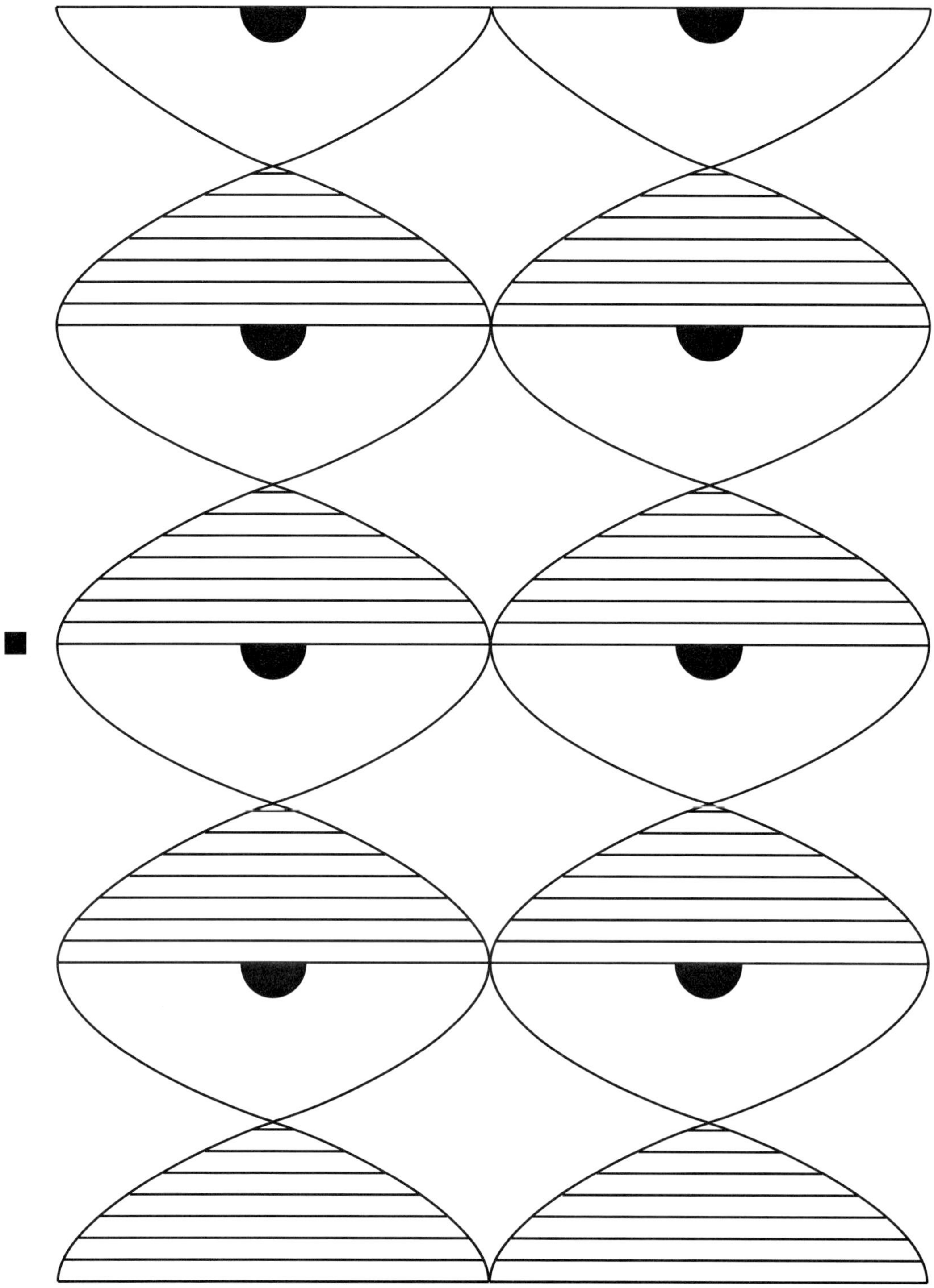

11. Lignes arrondies ouvertes – courbes artistiques – fiche n° 1

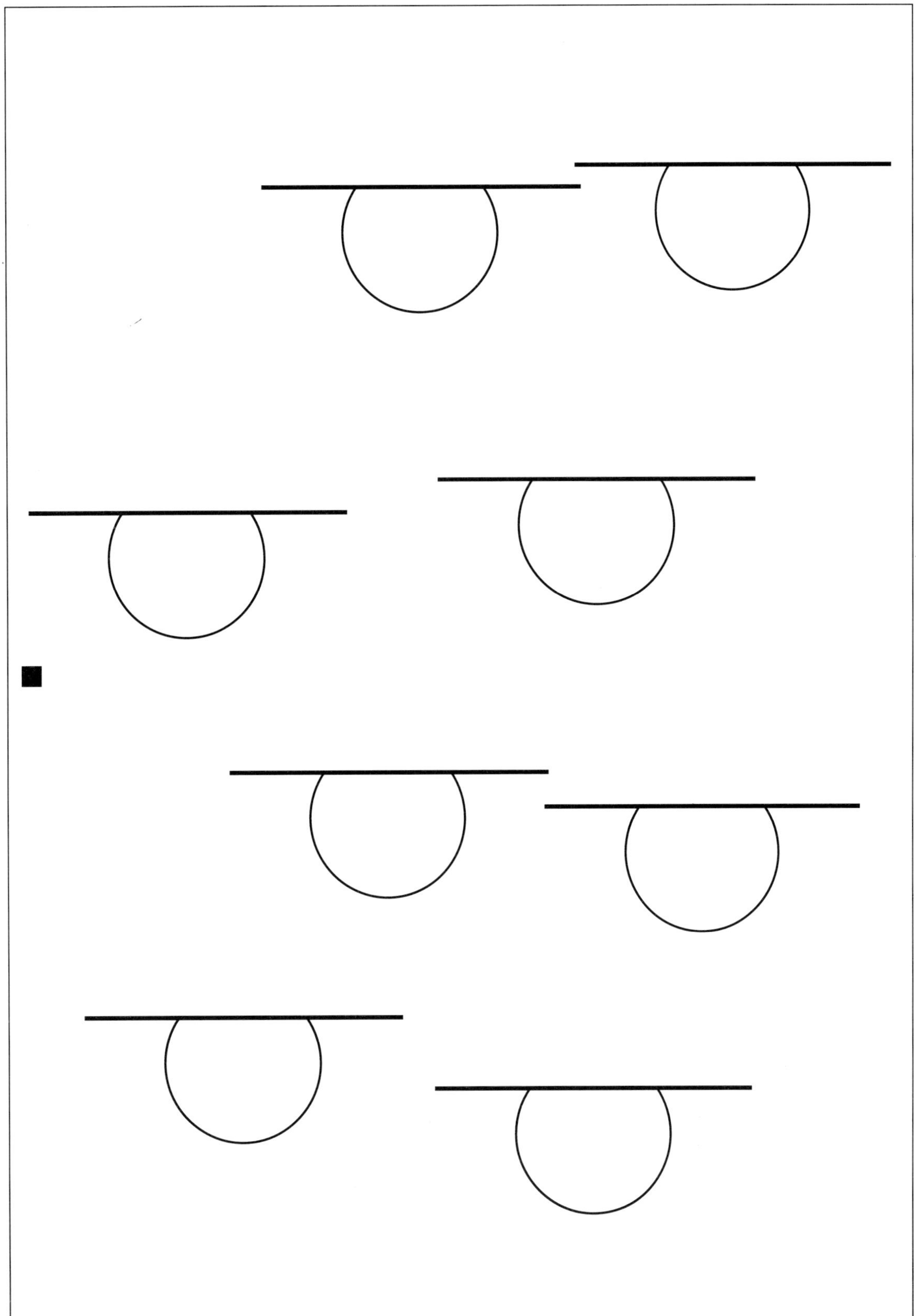

11. Lignes arrondies ouvertes – courbes artistiques – fiche n° **2**

11. Lignes arrondies ouvertes – courbes artistiques – fiche n° 3

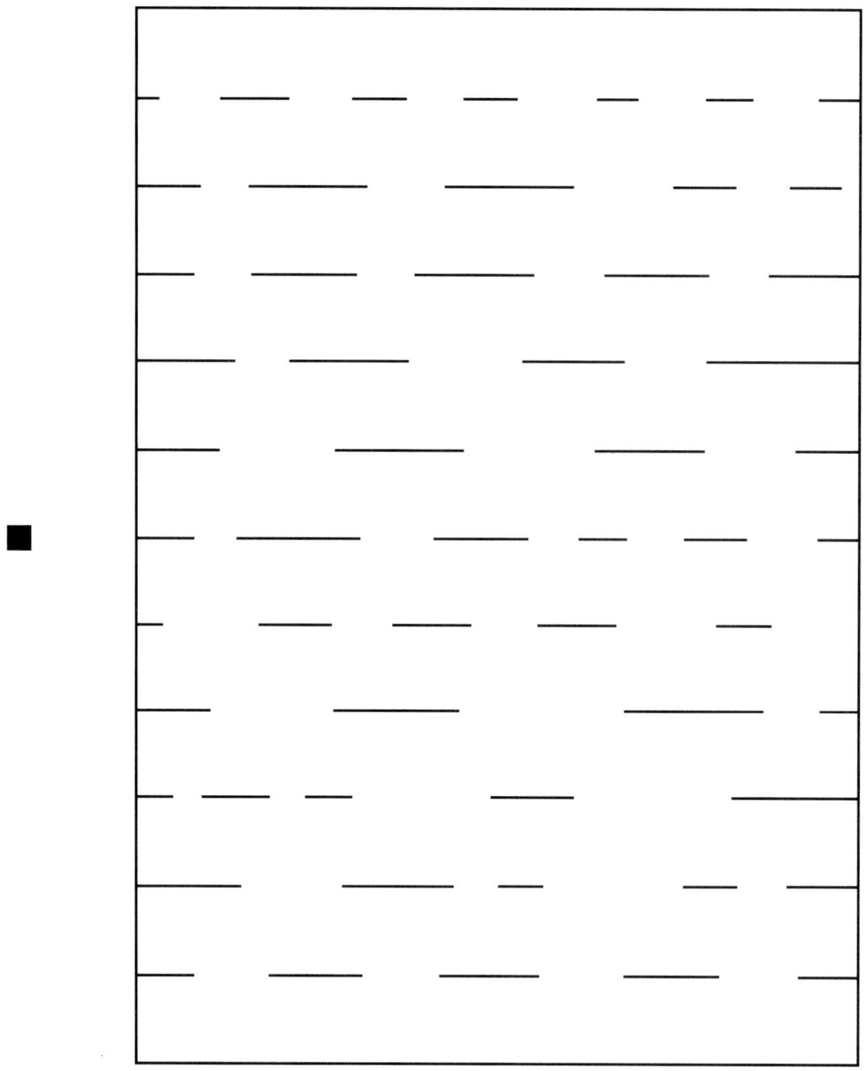

11. Lignes arrondies ouvertes – courbes artistiques – fiche n° **4**

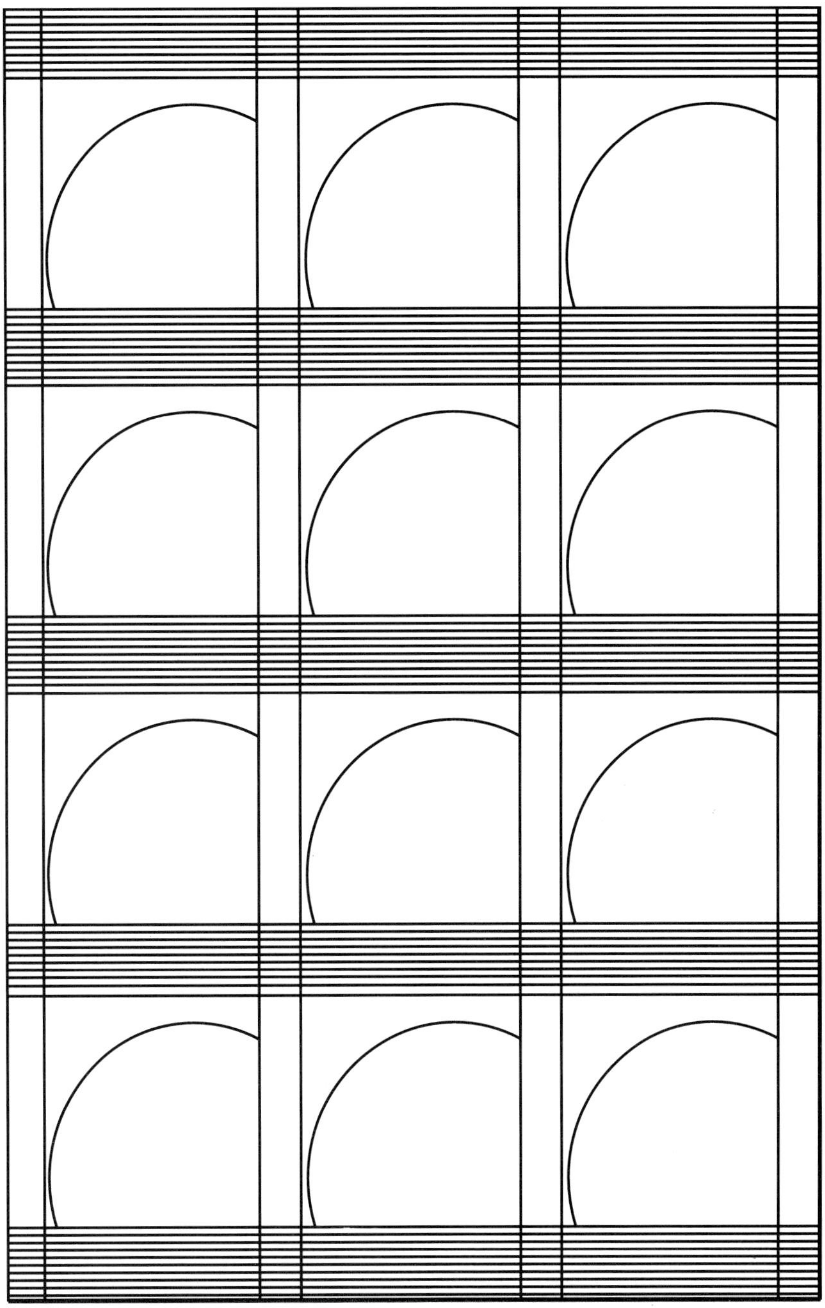

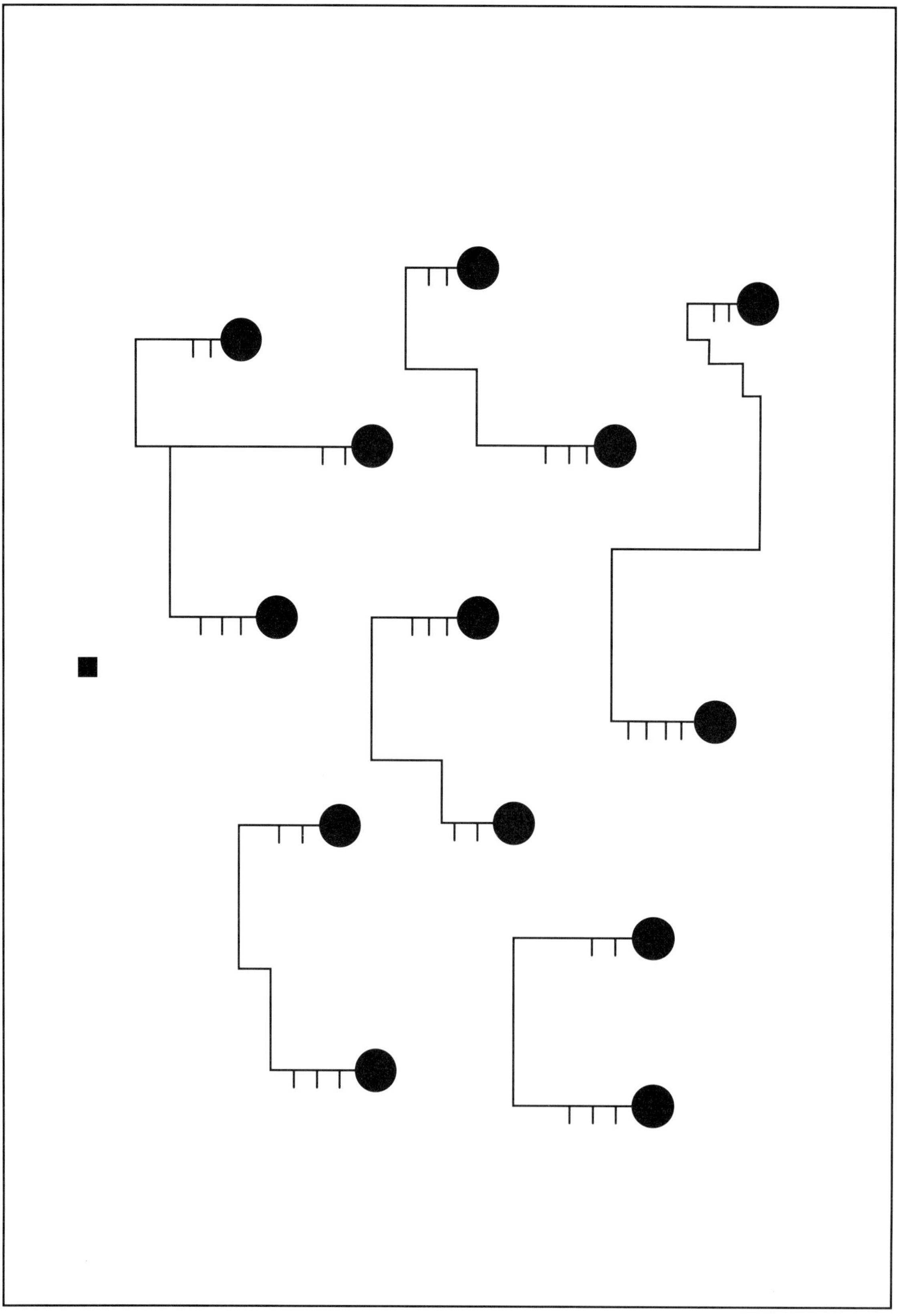

13. Lignes arrondies fermées : cercles – fiche n° **1**

13. Lignes arrondies fermées : cercles – fiche n° 2

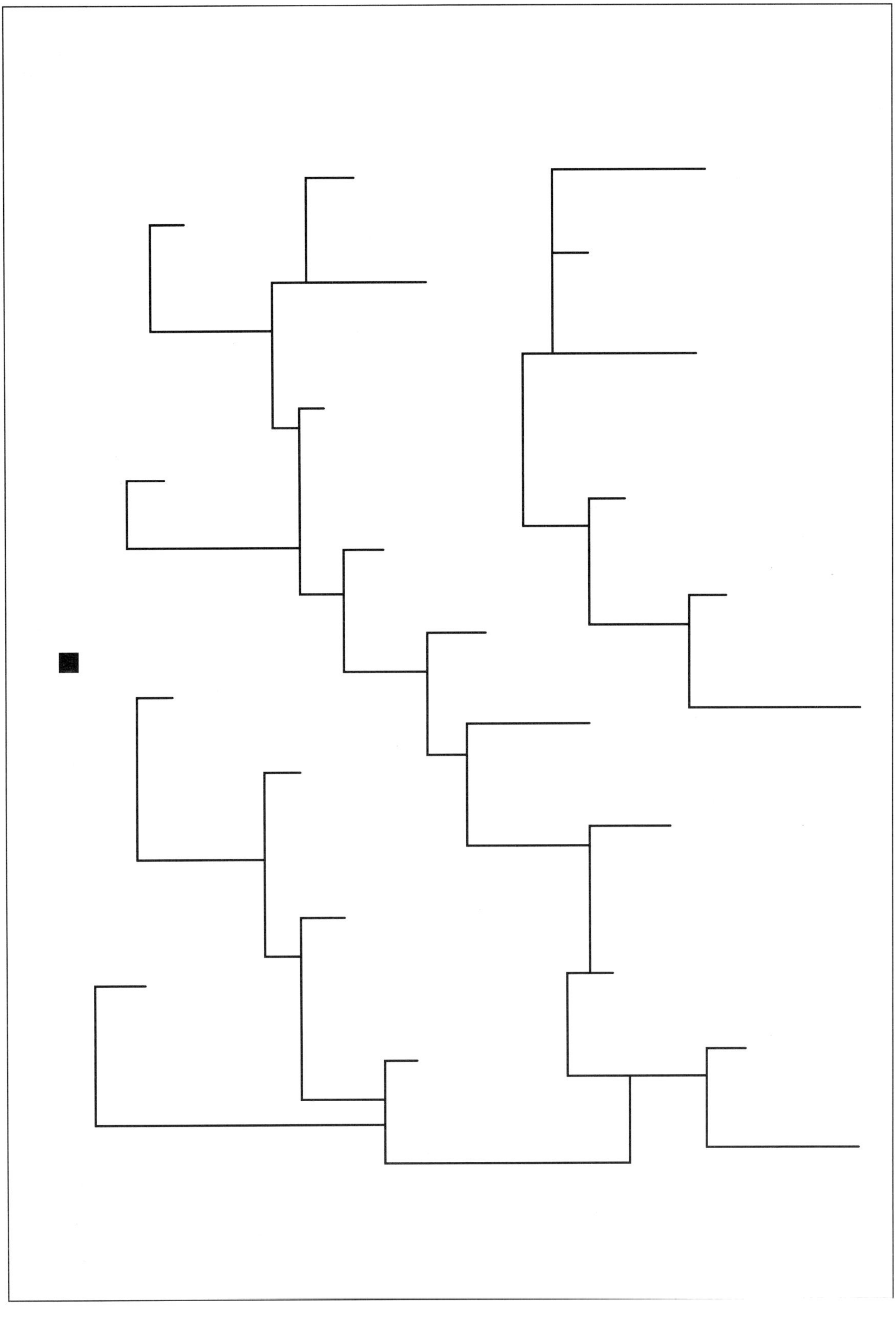

13. Lignes arrondies fermées : cercles – fiche n° 3

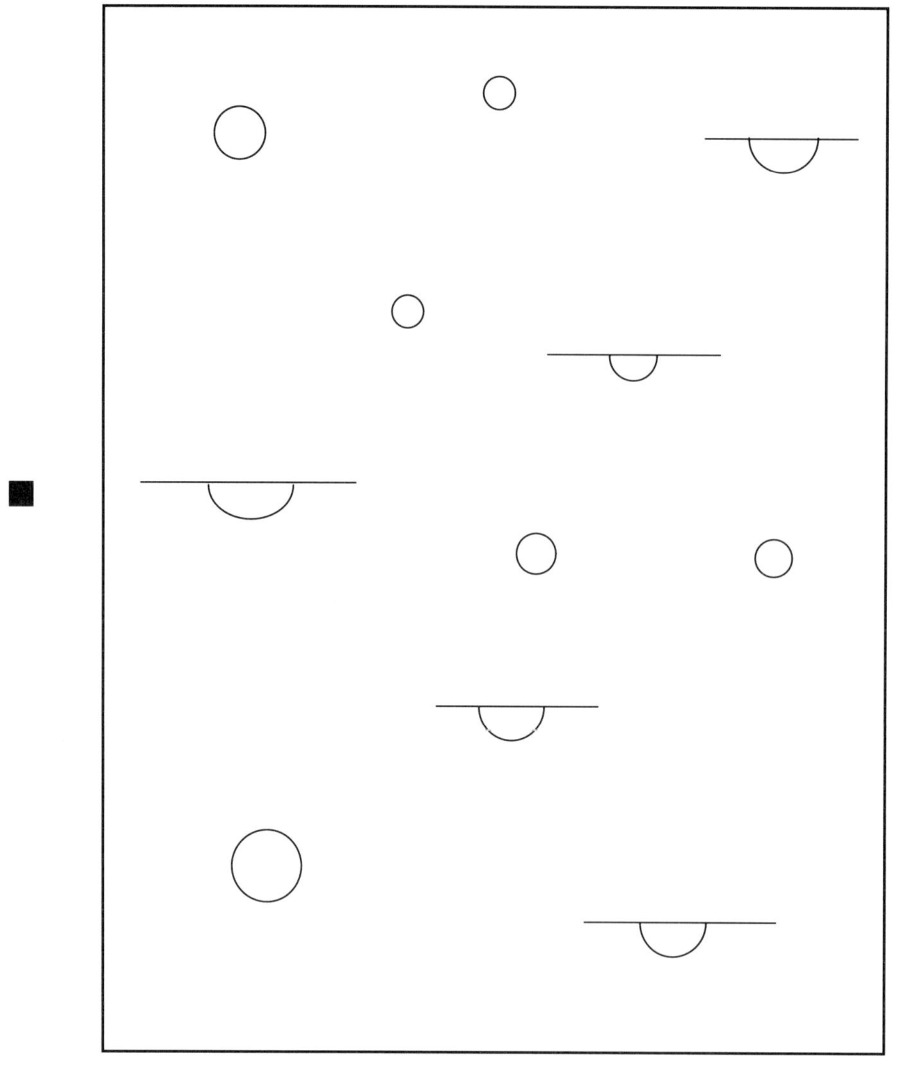

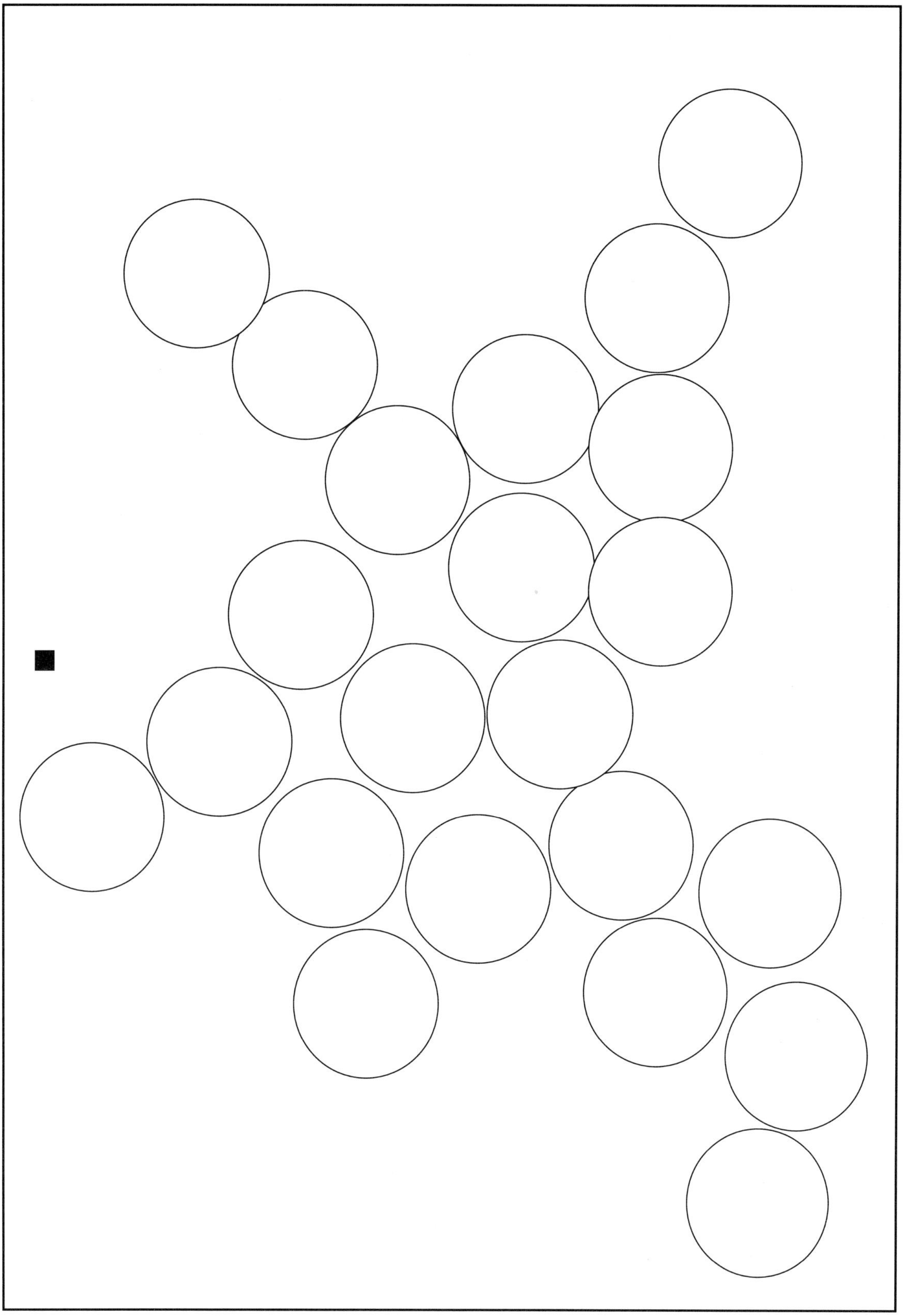

13. Lignes arrondies fermées : cercles – fiche n° **4**

13. Lignes brisées en angle aigu – fiche n° 1

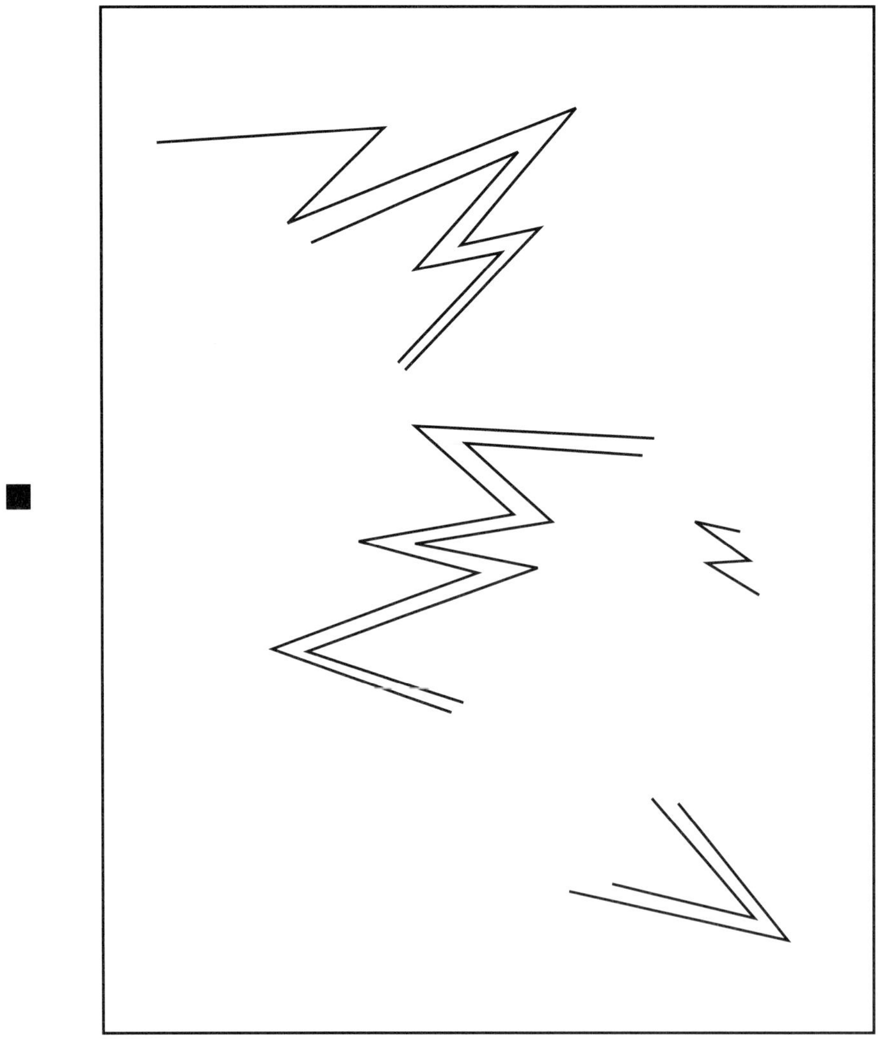

13. Lignes brisées en angle aigu – fiche n° **2**

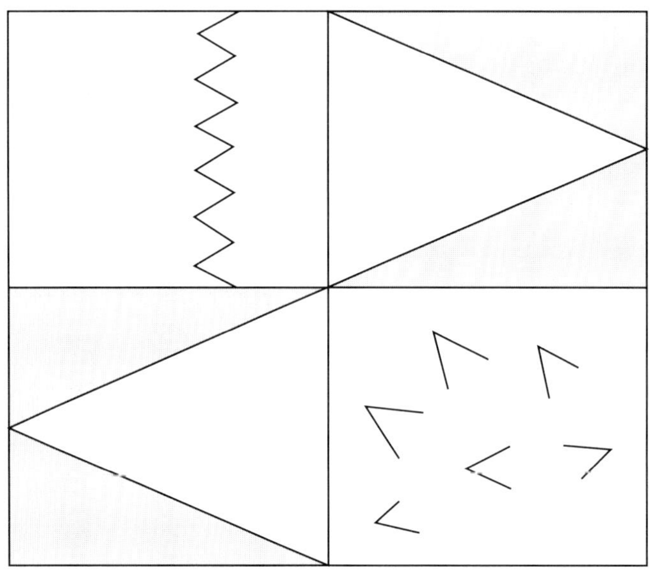

13. Lignes brisées en angle aigu – fiche n° **3**

14. Lignes brisées en angle droit – fiche n° 1

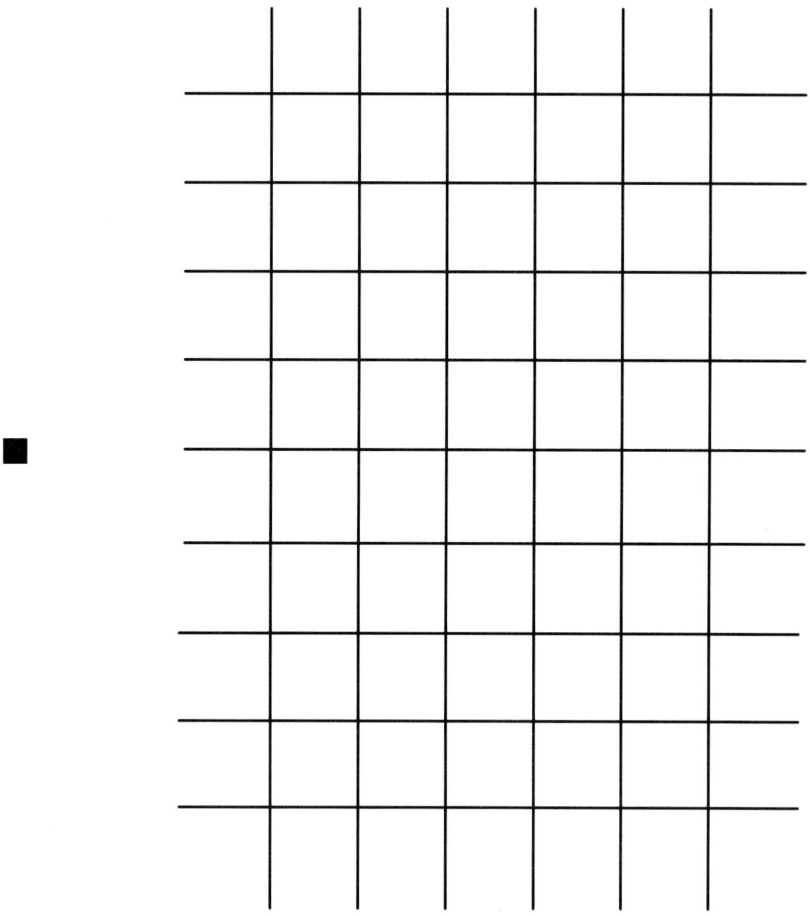

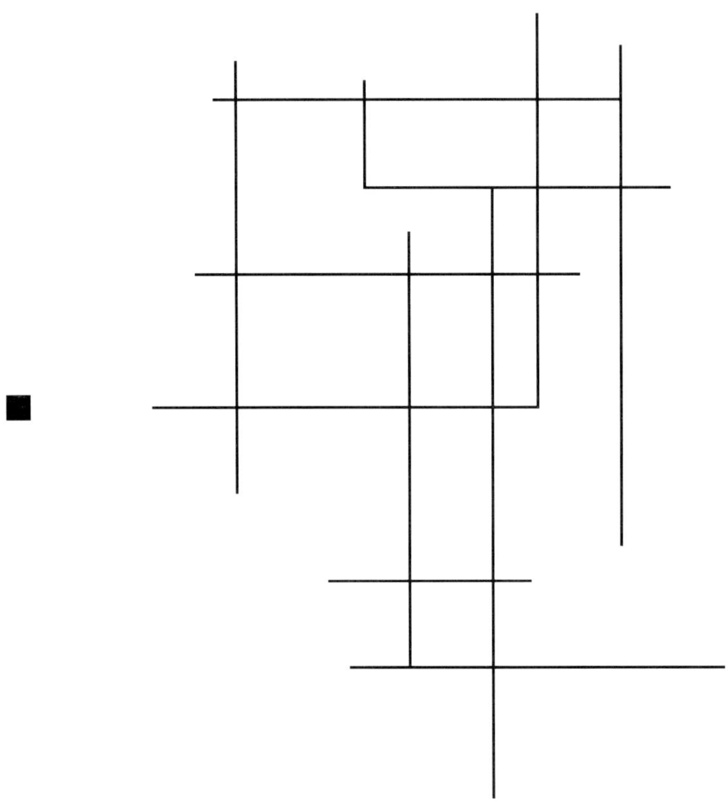

14. Lignes brisées en angle droit – fiche n° **2**

14. Lignes brisées en angle droit – fiche n° **3**

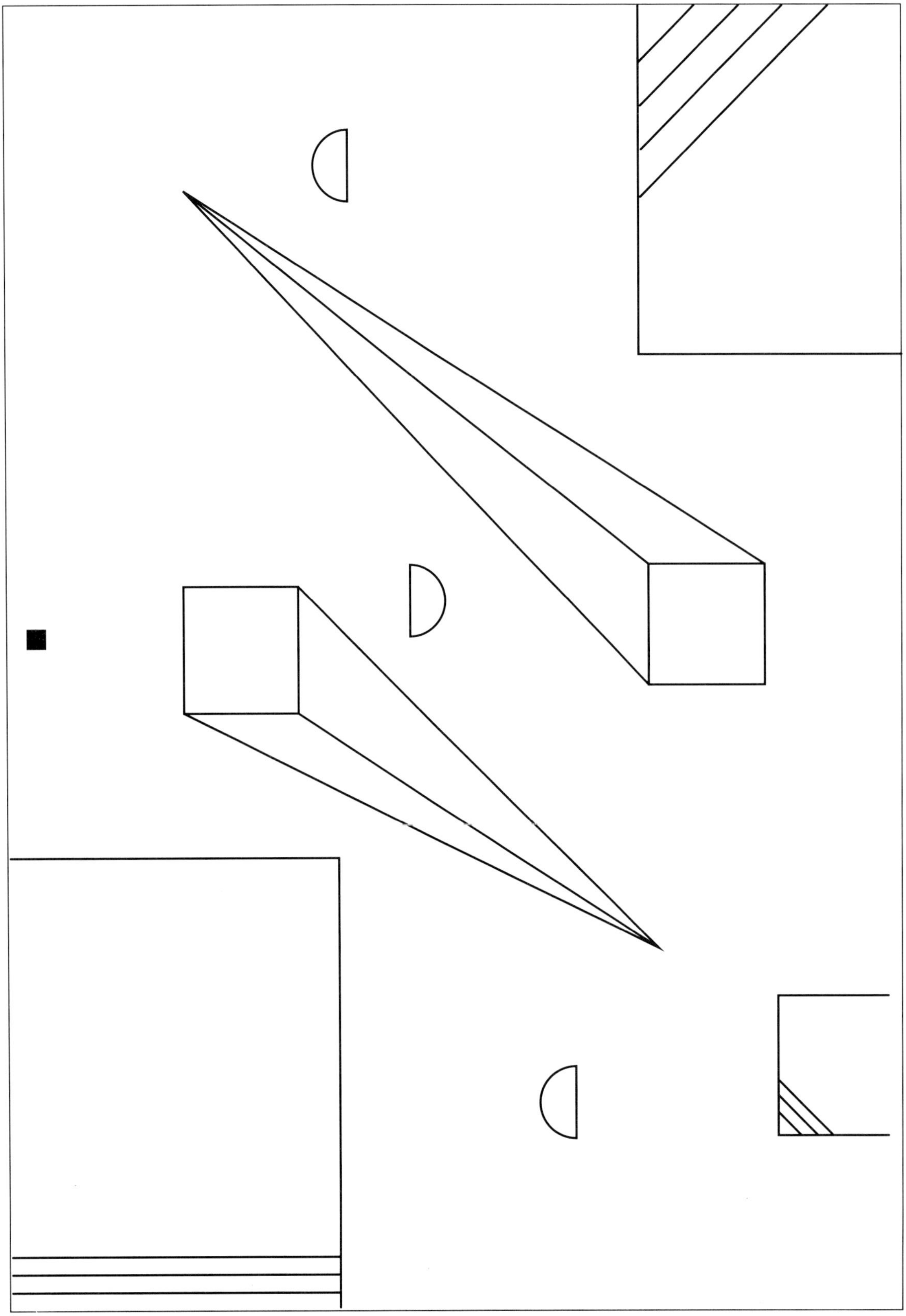

14. Lignes brisées en angle droit – fiche n° **4**

N° Éditeur : 101044 23 - Avril 2003
Imprimé en France par I.M.E. - 25110 Baume-les-Dames - N° Impression : 16659